Mechthild Dörfler / Lothar Klein

Konflikte machen stark

Mechthild Dörfler / Lothar Klein

Konflikte machen stark

Streitkultur im Kindergarten

HERDER

FREIBURG · BASEL · WIEN

Gedruckt auf umweltfreundlichem, chlorfrei gebleichtem Papier

Umschlaggestaltung: R·M·E Roland Eschlbeck/Rosemarie Kreuzer
Umschlagfoto: Albert Josef Schmidt, Freiburg

Alle Rechte vorbehalten – Printed in Germany
© Verlag Herder Freiburg im Breisgau 2003
www.herder.de
Satz: Barbara Herrmann, Freiburg
Druck und Bindung: fgb · freiburger graphische betriebe 2003
www.fgb.de
ISBN 3-451-28141-4

Inhalt

„Es gibt zwei Arten von Wärme. Die eine entsteht durch Nähe, die andere durch Reibung." (Jesper Juul)

1 Einleitung

Konflikte unter Kindern in neuem Licht sehen

Konflikte gehören zum Alltag von Kindern. Anlässe im Kindergarten gibt es dafür genug. Sie streiten sich um Spielsachen, wetteifern miteinander, wer Erste/r, Stärkste/r oder Schnellste/r ist oder ringen um Spielpositionen im Rollenspiel. Dabei gehen Kinder mit Konflikten anders um als Erwachsene. Sie setzen sich häufig körperlich damit auseinander, reagieren spontaner und gefühlsbetonter als Erwachsene. „Du bist nie mehr meine Freundin" – wer kennt nicht diese Drohung aus Kindermund? Doch dieses „nie wieder" ist so ausschließlich gar nicht gemeint. Während wir noch überlegen, wie man vermitteln könnte, sind die beiden Streithähne längst wieder Freunde und spielen miteinander, als wäre nichts geschehen. Kinder messen solchen Auseinandersetzungen eine andere Bedeutung bei als Erwachsene. Doch welche? Was bedeuten Konflikte für sie? Für uns Erwachsene sind Konflikte in der Regel eine lästige Störung. Obwohl sie auch aus unserem Leben nicht wegzudenken sind, haftet ihnen etwas Unangenehmes an. Wer mag sie schon gerne? Konflikte schaffen Unruhe, sie erzeugen Spannungen untereinander und oft auch Disharmonie. Was liegt da näher, als Konflikte möglichst ganz zu vermeiden oder, wenn das einmal nicht gelingt, sie so schnell wie möglich zu „regeln".

Dieser Aktionismus im Umgang mit Konflikten lässt sich leider auch im Kindergarten beobachten. Zwar wird hier das *Soziale Lernen* groß geschrieben, doch Konflikte kommen hierbei kaum vor. Und wenn, dann als hochgesteckte Ziele an die Kinder, die nämlich lernen sollen, ihre Konflikte nach Möglichkeit selbst zu lösen, und zwar, indem sie ruhig miteinander darüber reden und nach Kompromissen suchen.

Konflikte haben nach wie vor einen negativen Beiklang. Das zeigt sich schon daran, dass (auch in vielen Theorien) nicht genau unterschieden wird zwischen Konflikt, Aggression und Gewalt. So als gleiche das eine dem anderen. Wenn wir beispielsweise Konflikte mit Aggression gleichsetzen, dann reduzieren wir das Konfliktgeschehen auf das „auffällige Verhalten" eines einzelnen Kindes. Doch am Konflikt sind mindestens zwei, meist noch mehr Personen beteiligt. Außerdem gibt es immer eine Wechselwirkung, das heißt, die Kinder beeinflussen sich in ihrem Handeln gegenseitig. Konflikte sind nämlich immer Interaktion. Das darf nicht ausgeblendet werden. So gesehen können Konflikte durchaus „aggressiv" ausgetragen werden. Hier liegen oft Welten zwischen den jeweiligen Einschätzungen. Aggressives Verhalten ist aber nur *eine* mögliche Form, eine neben anderen.

Über diese „anderen" Formen oder Strategien von Kindern hingegen wissen wir kaum etwas. Das setzt nämlich voraus, dass auch die ganz alltäglichen und unauffälligen Konflikte unter Kindern als wichtiger Bestandteil der kindlichen Kommunikation anerkannt und ihnen Beachtung geschenkt werden – Beachtung auch im Sinne von Be(ob)achtung. Genau hier setzt das Buch an. Es soll einer Verengung des Blickwinkels auf den „auffälligen" aggressiven Teil kindlicher Konflikte entgegenwirken, ohne die Schwierigkeiten, die Konflikte bereiten können, zu übergehen.

Konflikte sind nicht nur unvermeidlich, sie stellen auch entwicklungsfördernde Kontexte für das Aufwachsen der Kinder dar. Durch die Aushandlungsprozesse, die mit Konflikten fast immer einhergehen, lernen Kinder, sowohl sich durchzusetzen als auch mit anderen zu kooperieren. Hier handeln sie gesellschaftliche Regeln und moralische Werte aus. Sie lernen die Gedanken, Absichten, Gefühle und Grenzen anderer Kinder kennen und entwickeln dabei ein Konzept von sich selbst. Kinder bilden Freundschaften, testen Regeln und etablieren oder verändern Machtstrukturen.

Gerade das Erleben intensiver Gefühle und die Konfrontation verschiedener Sichtweisen machen die Aushandlungsprozesse unter Kindern zu Lernerfahrungen der besonderen Art. Und dabei wird nicht nur das Sozialverhalten im engeren Sinne gelernt. Auch darüber will das Buch Auskunft geben.

Wir haben durch unsere eigenen Forschungs- und Praxis-Beobachtungen und angestoßen durch die neue kindheitstheoretische Diskussion gelernt, Konflikte unter Kindern in neuem Licht zu sehen. Wenn wir davon ausgehen, dass Kinder sich eigensinnig ihr Bild von der Welt konstruieren, sich dabei die Welt auf ihre ganz eigene Weise zu Eigen machen und gute Gründe für ihr Handeln haben, dann verändert sich dadurch auch unser Blick auf ihre Konflikte. Sie erhalten nicht nur unsere „Erlaubnis" zum Konflikt. Erwachsenen wird es somit möglich, die Kompetenzen zu sehen, die Kinder dabei einsetzen. Und nicht zuletzt verändert sich damit auch die Rolle, die Erwachsenen in Konfliktsituationen von Kindern zukommt. Schiedsrichter/innen sind hier nicht gefragt.

Um Konflikte nicht stellvertretend *für* die Kinder zu lösen, sondern *mit* ihnen, kommt es darauf an, die Perspektive zu wechseln, also mit dem „Kopf der Kinder" zu denken: Worum geht es ihnen ganz konkret? Was haben sie bereits selbst ausprobiert? Und welche Ideen haben sie, um den Streit zu klären?

Erzieherinnen haben gelernt, dass Kinder ihre Konflikte alleine lösen sollen. Aber was heißt das konkret? Das heißt nicht, sie alleine zu lassen. Das wäre eine zu bequeme Toleranz. Das heißt aber auch nicht, sofort einzugreifen, denn dann nimmt man Kindern ihren Konflikt aus der Hand. Und das, ohne ihn vielleicht richtig verstanden zu haben. Doch wie kann Kindern eine Hilfestellung geboten werden, ohne an ihrer Stelle zu handeln? Auch hierauf möchte das Buch Antworten geben.

Zuallererst muss es darum gehen, anzuerkennen, dass der Kindergarten nicht nur ein Ort des friedlichen Spielens und Lernens ist. Er ist auch ein Ort, wo heftige Auseinandersetzungen stattfinden, wo Zank und Zoff mit zum Alltag gehören. Der Kindergarten ist ein Ort, wo die Kinder im wahrsten Sinne des Wortes ihre Konflikte untereinander *bearbeiten*. Das gilt es in erster Linie von Erwachsenen anzuerkennen.

Wenn von „Konfliktkultur" oder „Streitkultur" die Rede ist, dann deshalb, weil der Blick auf die akute Konfliktsituation alleine nicht ausreicht. Es braucht eine Kultur des Streitens, Sich Reibens, Aushandelns und Schlichtens. Dazu gehören partizipatorische Strukturen ebenso wie Raum für Konflikte oder ein wertschätzender Umgang der Erwachsenen mit der eigenen Unterschiedlichkeit. Auch mit diesen „Rahmenbedingungen" setzen wir uns auseinander.

Das Buch bezieht sich auf den Kindergarten bzw. das „Kindergartenalter". Konflikte unter Kleinkindern oder Schulkindern verlaufen anders. Die Grundaussagen sind indes – als Haltung – übertragbar auf fast jede Konfliktsituation, auch solche unter Erwachsenen.

Im ersten Teil haben wir die Perspektive des Kindes auf Konflikte eingenommen. Im zweiten Teil wird die Interaktion zwischen Kindern und Erwachsenen in den Blick genommen. Im dritten Teil geht des darum, was Erwachsene untereinander zu einer Konfliktkultur im Kindergarten beitragen können. Insgesamt wünschen wir uns mit diesem Buch einen Beitrag dazu zu leisten, ein weiteres Stück Lebensnähe in den Kindergartenalltag einzuführen.

2 Kinder untereinander

2.1 „Nein! Du darfst nur noch die Katze sein" – Kinder sind Konfliktexperten

Konflikte sind etwas Alltägliches. Sie nehmen in unserem Leben einen wichtigen Stellenwert ein. Das gilt auch für Kinder, und zwar vor allem dann, wenn sie ihren Tag in der Gemeinschaft mit anderen Kindern verbringen. Und dabei sind Kinder ganz schön gefordert. Schließlich müssen sie in der Kindertagesstätte den gemeinsamen Besitz mit vielen anderen Kindern teilen und lernen, sich in einer Kindergruppe zu behaupten. Soziale Konflikte sind daher unvermeidbar. Sie sind Teil der menschlichen Kommunikation, also auch der des Kindes. Kinder streiten sich um Spielsachen, sie ringen darum, wer mitspielen darf, wer Erste/r ist und wer die Mutter, wer das Baby oder wer die Katze spielen darf.

Kinder verfügen dabei über ein erstaunlich breites Repertoire, sich in Konflikten miteinander zu verständigen – das ist das Ergebnis einer Beobachtungsstudie des Deutschen Jugendinstituts, die das Konfliktverhalten von Kindern in Kindertagesstätten untersuchte.[1] Interessant daran ist, dass es den allgemein gängigen Vorstellungen über kindliche Konflikte zu widersprechen scheint, denn Erwachsene trauen Kindern kompetente Lösungen von Konflikten im Allgemeinen nicht zu bzw. nehmen Konfliktlösungen vorweg.

Denken wir an Konflikte unter jungen Kindern, tauchen für gewöhnlich Bilder von impulsiven, ruppigen und ungeduldigen

---

[1] Vgl. Dittrich u. a. 2001.

„kleinen Egoisten" vor uns auf. Kinder, die anderen einfach etwas wegnehmen, ohne zu fragen, die ärgerlich das Bauwerk des Nachbarn in ein Trümmerfeld verwandeln, die kneifen, treten oder mit Spielsachen werfen. Tränenverschmierte Gesichter und ein schrilles Schreien kommen uns in den Sinn. Die spektakuläre Berichterstattung über Gewalt unter Kindern in den Medien, vor allem Mitte der 90er Jahre des vergangenen Jahrhunderts, als von den „Rambos im Kindergarten" die Rede war, scheint dies noch zu bestätigen.[2]

Wie kommt es zu dieser unterschiedlichen Einschätzung? Ist es nicht typisch für Kinder, dass sie ihre Konflikte handgreiflich regeln?

Typisch für Konflikte unter Kindern ist, dass sie blitzschnell passieren. Typisch für uns Erwachsene ist dabei, dass wir in der Regel erst reagieren, wenn Konflikte uns stören. Wir werden aufmerksam, wenn es laut zugeht, Kinder miteinander schimpfen, jemand weint oder um Hilfe ruft. Die Ruhe ist dadurch gestört. Und so registrieren wir Konflikte normalerweise erst, wenn sie in einem offenen Streit enden und die Kinder alleine keine Lösung herbeiführen können. Streit ist jedoch nur *eine* mögliche Form, mit Konflikten umzugehen. Außerdem erhalten Erwachsene nur selten Informationen über die Vorgeschichte, die allerdings entscheidend für den Konfliktverlauf und dessen Bearbeitung ist. Konflikte haben immer einen Hintergrund. Sie sind eingebunden in ein Netz von Beziehungen und Interessen, von unterschiedlichen Bedeutungen, die Kinder dem Streitgegenstand jeweils beimessen, und sie sind geprägt von den Vorerfahrungen, die Kinder in ihren Familien, aber auch untereinander gesammelt haben. Es ist eine herausfordernde Aufgabe, dieses komplizierte Wechselspiel zu erfassen. Erwachsene können nie genau wissen, wann es zu einem Streit unter Kindern kommt, so dass eine gute Beobachtung während der kindlichen Aktivitäten sinnvoll ist. So gesehen

---

[2] Vgl. Dittrich u. a. 1996, S. 14 ff.

ist es verständlich, dass Erwachsene in der Regel erst dann hinschauen und den Konflikt registrieren, wenn er stört.

Auch die alltäglichen Aushandlungsprozesse wahrnehmen

Beschäftigen wir uns ausschließlich mit „auffälligen" Konflikten, so wird der Blick auf das Konfliktverhalten von Kindern eingeschränkt. Das Augenmerk sollte hingegen auch auf die alltäglichen Spielsituationen der Kinder gelenkt werden, in denen Konflikte entstehen. Hier ist der Ort, an dem Kinder ihre Interessen einbringen, dabei Unterschiede wahrnehmen und miteinander aushandeln. In diesem Kontext sind dann Auseinandersetzungen unter Kindern beobachtbar, die nicht in einem offenen Streit enden – Konflikte also, die zumeist unsichtbar bleiben, weil die Kinder ihre gegensätzlichen Interessen auf gelungene Weise miteinander aushandeln.

Damit werden die kindlichen *Fähigkeiten* sichtbar, die veranschaulichen, wie sie mit kniffligen Situationen umgehen. Wie feinfühlig Kinder mitunter andere in ihre Schranken verweisen, das belegen viele Beobachtungsbeispiele. Und dabei finden sie Formen, auf die wir Erwachsene nie kommen könnten. So gab Kai einem Jungen, der mitspielen wollte, folgende Antwort: „Darf ich mitspielen?" Kais Antwort war: „Nein! Du darfst nur noch die Katze sein." Einerseits gibt Kai Sascha klar zu verstehen, dass er nicht mehr mitspielen kann. Er lehnt seinen Wunsch damit eindeutig ab. Kai ist schon seit längerer Zeit in ein spannendes Rollenspiel mit anderen vertieft, alle Rollen sind festgelegt und die Spielregie steht. Sascha würde hier nur stören, denn es wäre neu zu klären, welche Rolle und Position er einnehmen will, ob er die Spielidee kennt und gut findet. So gesehen ist das Nein von Kai verständlich. Überraschenderweise fügt er jedoch noch an: „Du darfst nur noch die Katze sein". Damit schlägt er Sascha eine Nebenrolle vor, die dieser ausfüllen kann, ohne den gesamten Spielverlauf damit zu beeinflussen. Ist es nicht beeindruckend, wie einfühlsam der Vorschlag von Kai letztlich ist, auch wenn wir zunächst vor allem das Nein gehört haben mögen. Und in der Tat: Sascha spielte für kurze Zeit die Katze und zog sich dann von selbst zurück.[3] Damit verlor Sascha weder sein Gesicht noch wurde er ausgegrenzt und auch Kai musste mit keiner größeren Störung rechnen.

Eine weitere kleine Konfliktepisode zwischen zwei Mädchen veranschaulicht die These von Kindern als Experten ihrer Konfliktlösung, auch wenn die angebotene Lösung aus Erwachsenensicht ganz und gar unvernünftig erscheint.

Wenn zwei dasselbe wollen ...[4]
Zwei dreijährige Mädchen sind gerade damit beschäftigt zu klären, was sie gemeinsam spielen wollen. Sie stehen vor zwei dicken Schaumstoffwürfeln. Isabell hält ihr Kuscheltier, das „Rehlein", auf dem Arm und schlägt ihrer Freundin Sara vor: „Ich bin der Stefan" (Isabells großer Bruder). Sara ist nicht damit einverstanden und fordert nachhaltig: „Nein, ich bin der Stefan." Das wiederum ist Isabell nicht recht und sie kontert mit einem kurzen aber lauten „Nein!". Dieser Schlagabtausch geht eine Weile hin und her bis Sara etwas Neues vorschlägt: „O.k.! Dann sind wir zu dritt der Stefan." Damit ist auch Isabell einverstanden. Für die Mädchen ist der Konflikt beigelegt. Alle – auch das Reh – spielen „Großer Bruder", steigen auf den Würfel und lassen sich herabpurzeln. Das Reh purzelt auch.

Hier wird die Leichtigkeit, mit der Kinder in der Lage sind, einen Konflikt zu entschärfen, gut deutlich. Die Mädchen in diesem Beispiel konstruieren eine Lösung in der die Interessen bei-

---

[3] Vgl. Dittrich u. a. 2001, S. 105.
[4] Vgl. Dörfler u. a. 2002, Teil A/1, S. 10.

der Parteien aufgehoben sind oder in der – wie in diesem Fall – die Situation durch die Beteiligung eines imaginären Dritten, des „Rehleins", entspannt wird.

Auch in ihren konflikthaften Auseinandersetzungen verfügen Kinder über „100 Sprachen" (Malaguzzi)

Da sagt so mancher Blick mehr als tausend Worte, reizt ein Lachen zur Gegenwehr. Das vorsichtige Antippen eines Sandberges mit dem Fuß, der andeutet, wozu er noch fähig ist, nämlich den Berg zu zerstören, schafft das Wunder, eine Einladung zum Mitspielen zu bekommen. Solche Beobachtungen verblüffen uns. Sie lehren uns aber auch, dass wir Erwachsene sehr stark auf die verbale Sprache fixiert sind und daher die vielfältigen Strategien, die Kinder einsetzen, leicht übersehen. Kinder hingegen verständigen sich mit Kopf, Hand und Fuß, so ist die Körpersprache die erste Muttersprache, die sie erlernen. Wer Konflikte unter Kindern verstehen will, sollte dabei sensibel für die Signale ihrer Körpersprache sein.[5]

Natürlich verständigen sich Kinder im ersten und zweiten Lebensjahr anders als ältere Kinder – denn sie nutzen zur Kommunikation fast ausschließlich die Körpersprache.[6] Sie verstehen sich untereinander gut, solange sie von der Körpersprache auf die Absichten ihres Gegenübers schließen können. Sie kommen dadurch aber auch an ihre Grenzen. Kleinkinder brechen häufiger die Interaktionen ab und verlassen den Ort des Geschehens, ganz nach dem Motto: aus den Augen, aus dem Sinn.

Die Konflikte von älteren Kindern verlaufen demgegenüber anders, da sie neben der reichhaltigen Körpersprache auch auf ihre Worte zurückgreifen können. Allerdings trifft die Annahme, dass

---

[5] Vgl. Dörfler u. a. 2002, Teil C.
[6] Vgl. Dörfler u. a. 2002, Teil A/3.

Kinder ihre Konflikte mit zunehmendem Alter vor allem verbal lösen, auf Kindergarten-Kinder in keiner Weise zu. Das belegen vor allen Dingen Videoszenen. Diese lassen sich immer wieder abspielen, anhalten und in Zeitlupe anschauen, was der Auswertung von Beobachtungen sehr zugute kommt. Auf diese Weise ist es möglich, in den körpersprachlichen Gesten der Kinder zu „lesen".

An den Mundwinkeln von Kindern ist zum Beispiel erkennbar, ob eine Rauferei ernste oder spaßige Züge trägt, ob sie ein „Spielgesicht" haben oder nicht. Beim Ansehen der Videosequenzen kann zum Beispiel auch deutlich werden, dass ein Kind das andere mit dem Fuß nur antippte oder knapp daneben seinen Fuß platzierte. Auf den ersten Blick sah dies viel dramatischer aus. Mindestens so interessant sind auch die Blicke, die Kinder einander zuwerfen. Wann schauen sie sich an, wann wenden sie ihren Blick ab? Diese Feinheiten werden normalerweise übersehen, da sie nur den Bruchteil einer Sekunde andauern. Doch genau dies kann die Wende im Konflikt herbeiführen, in die eine wie die andere Richtung.

Mädchen und Jungen mögen körperliche Rangeleien, das Kräftemessen und den Vergleich. Dabei lernen sie sich selbst und andere über verschiedene Formen des Körperkontakts kennen. Dazu gehört es, die Schmerzgrenzen bei sich und anderen zu testen, was nicht selten durch Formulierungen wie „Hat ja gar nicht weh getan" begleitet wird. Es gehört aber auch dazu, dem Gegenüber die eigene Schmerzgrenze zu zeigen und ihm zu signalisieren: „Ich will das nicht!" Dabei kann es durchaus vorkommen, dass aus Spiel plötzlich Ernst wird und ein Kind dem anderen Schmerzen zufügt. Grundsätzlich gilt jedoch: „Handgreiflichkeiten und Berührung an sich sind kein Zeichen für Gewalt, wie umgekehrt auch die verbale Kommunikation kein Garant für das Vermeiden von Gewalt ist. Es kommt darauf an, genau hinzuschauen, welchen Aktivitäten Kinder nachgehen und was sie dabei bewegt."[7] Und es ist da-

---

[7] Dörfler u. a. 2002, Teil C 5, S. 10.

rauf zu achten, inwieweit sich Kinder im Konflikt einen Handlungsspielraum lassen, der es ihnen erlaubt, Einfluss auf die Situation zu nehmen.

In Konfliktsituationen der Kinder geht es immer um beides: um den „Beziehungs-" und um den „Inhalts-"aspekt

Kinder haben vielfältige Anlässe, miteinander in Konflikt zu geraten. Sich beispielsweise auf *eine* Spielidee zu einigen, kann ein solcher Anlass sein. Denn erst dann wird ein Zusammenspiel möglich, wie das eingangs erwähnte Beispiel von Isabel und Sara zeigt. Aktivitäten der Kinder scheinen auf den ersten Blick mühelos und spielerisch zu gelingen. Diese sind aber oft das Ergebnis langer und harter Auseinandersetzungen. Wessen Idee aufgegriffen wird und wer die Regie haben darf, ist nicht von vornherein festgelegt. Hier vollbringen die Kinder oft Höchstleistungen, denn viele Ideen und Interessen sind zu koordinieren, vor allem dann, wenn mehr als zwei Kinder miteinander spielen wollen. Außerdem ist es Kindern keineswegs gleichgültig, wer der „Große Bruder" und wer die „Kleine Schwester" spielen darf.

Eine dritte Person „stört" die Zweierbeziehung

Hohe Anforderungen im Sinne komplexer sozialer Kompetenzen kommen vor allem dann auf Kinder zu, wenn sie statt zu zweit zu dritt miteinander spielen möchten. Ob sich zwei oder drei Kinder im Spiel einigen müssen, das ist keineswegs unerheblich. Aus gruppendynamischen Untersuchungen ist bekannt, dass mit einer dritten Person neues Konfliktpotenzial in eine Paarbeziehung kommt. Im Dreieck ist es nicht bloß die Addition von nunmehr drei Personen, die miteinander in Aktion treten, sondern es kommt eine neue Qualität hinzu: Allianzen untereinander sind möglich. Damit besteht die Gefahr, dass sich eine Person ausgegrenzt fühlt. Oder es entsteht Rivalität, wenn zwei um die Gunst des Dritten kämpfen.

Spielen etwa drei Kinder auf dem Sofa und es geht darum, wer neben wem sitzen darf, dann haben die oft langen Auseinandersetzungen darum hier ihren Kern. Es ist nämlich nicht egal, ob ich in der Mitte, d. h. zwischen den *beiden* oder am Rand, neben *einem* Kind sitze. Damit ist die Beziehungsfrage im Mittelpunkt des Geschehens

Dieser Übergang von der Zweier- zur Dreierbeziehung (bis hin zu noch größeren Spielgruppen) stellt hohe Anforderungen an Kinder. Diesen entziehen sie sich häufig, indem sie beispielsweise den gut gemeinten Appell der Erzieherin, andere Kinder mitspielen zu lassen, auf ihre ganz eigene Art und Weise unterlaufen. Manchmal ist diese Abgrenzung auch nötig, um die Einheit im Inneren zu stabilisieren (wir gegen die anderen). In der Fortsetzung von Saras und Isabells Spielgeschehen wird diese Abgrenzung thematisiert.

> *„Wir lassen sie doch mitspielen"*
> Sara und Isabell (und das Reh) spielen bereits längere Zeit „Springsprung". Alle drei hüpfen immer wieder von einem Schaumstoffwürfel herunter. Als Sara bemerkt, dass Jennifer ihnen bereits eine Weile zuschaut, ruft sie ihr zu: „Jennifer, wir (das Reh und sie) spielen mit Isabell. Du bist zu groß." (Jennifer ist tatsächlich größer)
> Jennifer reagiert nicht darauf, sondern schaut weiterhin zu. Als Laura auch noch hinzukommt, erklärt Sara: „Wir sind Könige. Wir sind Jungs, wir heißen Stefan-Könige." (Stefan ist der große Bruder von Isabell.) Eine Weile später dürfen die beiden auch einmal von den Würfeln springen. Damit ist Schluss, als sich Sara und Isabell eine Decke besorgen, sich auf die Würfel legen und die Decke über den Kopf legen.

Laura geht zur Erzieherin und beschwert sich, dass Sara und Isabell sie nicht mitspielen lassen. Daraufhin bittet die Erzieherin die beiden, Laura mitspielen zu lassen. Sara meint: „Wir lassen sie doch mitspielen. Komm Laura, komm Jennifer." Jennifer schüttelt den Kopf und zieht sich zurück. Laura geht zu ihnen hin und stellt sich neben sie.

Sara liegt neben Isabell. Als sie etwas höher rutscht und diese damit überragt, meint sie: „Der Stefan wär größer." Isabell meint daraufhin zu Laura: „Du bist zu klein." Als Laura etwas sagen will, erwidert Isabell schroff: „Lass die, die ist meine Schwester." (Gemeint ist Sara) Kurz darauf kommt Sara als Tiger angekrabbelt und baut sich fauchend vor Laura auf, so dass diese ängstlich zurückweicht. Später unternimmt Laura noch weitere Versuche, aber es gelingt ihr nicht, ins Spiel hineinzukommen.[8]

Die Erzieherin hat es gut gemeint. Sie will Laura und Jennifer in das Spiel integrieren. Aber sie übersieht dabei, was sie den Mädchen damit zumutet. Offiziell erlaubt Sara zwar, dass sie mitspielen, so als habe es nie Zweifel daran gegeben. Faktisch lassen die Freundinnen die beiden jedoch „abblitzen": Mal ist Jennifer zu groß und Laura zu klein, mal soll Laura die Schwester in Ruhe lassen, bis am Ende der Tiger Laura vertreibt.

Die beiden Mädchen hatten sich gerade darauf geeinigt, dass sie alle drei (das Kuscheltier mit einbezogen) den großen Bruder darstellen wollten. Auf diese Weise wurde ein recht fragiles Gleichgewicht untereinander hergestellt. Weitere Spielpartner zu integrieren, hätte neue Aushandlungen mit sich gebracht.

Je größer die Spielgruppe ist, desto komplizierter wird der Prozess des Aushandelns, denn die Zahl der möglichen Ideen und Vorschläge erhöht sich mit jedem Kind.

Wissen die Mädchen bereits um die gruppendynamische

---

[8] Vgl. Dörfler u. a. 2002, Teil A/4, S. 4 ff.

Einsicht, dass sich drei Personen nicht so schnell einigen wie zwei Personen?

Das Interessante und zugleich Schwierige hieran ist, „dass in Dreieckskonflikten immer Beziehung mit Beziehung konfrontiert wird, was mit einem neuen, sehr wichtigen Lernfeld verbunden ist, nämlich dem sozialen Beziehungslernen. In einer Zweierbeziehung kann grundsätzlich nicht gelernt werden, wie sich Beziehungen (also nicht nur die einzelnen Personen, d.V.) zueinander verhalten, wie eine Beziehung vor einer anderen abgegrenzt oder auf die andere abgestimmt werden kann, beziehungsweise wie eine Beziehung verteidigt oder geschützt werden kann und vieles mehr."[9]

Oft geht es um mehr als um das, was man auf den ersten Blick sieht

Streit unter Kindern ist oft vorprogrammiert, wenn es um Material oder ein Spielgerät geht. Wenn sich 45 Kinder zwei Schaukeln teilen müssen, ist die Wahrscheinlichkeit eines Konflikts groß. Aber nicht immer geht es nur um das, was beobachtbar ist. Und wenn in einem Spiel, das Lochkarten enthält, die man mit bunten Fäden durchziehen kann, nur noch ein Faden frei ist, kann dieses zunächst als geringfügig eingeschätzte Detail zur Schwierigkeit werden. Solche Situationen tauchen täglich auf und Kinder versuchen, diese zu regeln. Etwa Laura und Nelly, die den Konflikt auf ihre Art klären.

> Die beiden Mädchen haben gerade ein Spiel beendet, bei dem Nelly verloren hat. Daraufhin holt Nelly das Spiel mit den Lochkarten, durch die man Fäden hindurchziehen kann.
> Während Laura eine leere Entenlochkarte ergattert hat, fädelt

---

[9] Schwarz 1997, S. 113.

Nelly einen Faden aus einem halb angefangenen Bild, legt ihn neben sich auf den Tisch und sucht nach einer Karte. Laura hätte gerne diesen Faden, denn es ist der einzige, der frei ist. Sie erzählt Nelly, dass sie zu Hause auch dieses Spiel habe und es gut kenne. Nelly gibt ihr jedoch deutlich zu verstehen, dass dies ihr Faden sei. Laura läßt nicht locker in ihrem Versuch, Nelly zu überzeugen: „Kann ich den haben? Also, ich weiß, wie das geht." Doch ohne Erfolg. Als das nichts nützt, versucht sie zaghaft, den Faden auf ihre Seite zu ziehen. Nelly registriert dies jedoch, zieht ihn rasch zu sich zurück und beginnt, auf einer Lochkarte zu nähen. Danach gibt Laura auf, nicht jedoch ohne vorher Nelly daran zu erinnern: „Die Ente nehm' ich." Sie legt ihre Karte unter den Karton und wendet sich einer anderen Beschäftigung zu.

Interessant sind hier die Argumente, die Laura anführt. Sie gibt zu verstehen, dass sie, da sie bereits eine freie Lochkarte hat, auch diejenige sein sollte, die den Faden gewissermaßen braucht. Diese Begründung überzeugt Nelly jedoch nicht. Also versucht Laura, ihre Kompetenz ins Spiel zu bringen, denn sie weiß, wie es geht. Aber damit hat sie ebenso wenig Erfolg. Auch ihr Versuch, Fakten zu schaffen, indem sie den Faden einfach nimmt, schlägt fehl. Danach gibt sie auf. Doch sie will ihr Interesse noch nicht ganz aufgeben, denn sie „sichert" sich zumindest die Lochkarte mit dem von ihr begehrten Motiv und verschiebt ihr Interesse auf später. Dabei baut sie jedoch vor, indem sie Nelly ihr Vorrecht auf die Karte ankündigt. Wer weiß, vielleicht findet diese das Entenmotiv ja auch attraktiv. Sicher spielte es auch eine Rolle, dass Nelly diejenige war, die das Spiel holte und beim vorherigen Spiel verlor, so dass Laura ihr Interesse zu Gunsten von Nelly aufgab.

Dieses ganz alltägliche Beispiel zeigt einerseits, wie Kinder sich bemühen, eine Lösung zu finden, auch wenn dies nicht in allen Fällen in Form eines Kompromisses geschehen kann, den wir Erwachsene Kindern immer schnell nahe legen. Was nutzt einem schon ein halber Faden. Laura ist in diesem Konflikt unterlegen. Die Frage nach dem Anrecht auf den Faden ist gar nicht leicht zu beantworten. Laura meint, sie selbst habe einen Anspruch auf den Faden, da sie diesen für ihr geplantes Werk benötigt und bereits eine Karte besitzt. Aus Nellys Sicht gehört der Faden ihr, denn sie hat das Spiel geholt und sich den Faden gewissermaßen „erarbeitet". Das erkennt Laura an, trotzdem gibt sie zunächst nicht nach. Sie kennt Nelly und weiß, dass man mit ihr handeln kann. Doch in diesem Fall ist sie diejenige, die nachgibt.

Es zeigt auf der anderen Seite aber auch, dass es in Konfliktsituationen nicht allein um die Sache geht, sondern ebenso um die Beziehung, die Kinder nicht aufs Spiel setzen wollen. Kinder sind sehr erfindungsreich, denn es ist ihnen wichtig, den Spielfluss zu sichern und Spielkameraden und Freunde zu gewinnen und zu behalten. Das ist auch einer der Hauptgründe dafür, warum die Konflikte zwischen befreundeten und nicht-befreundeten Kindern so unterschiedlich verlaufen. Die Konfliktinteraktionen zwischen Freunden dauern länger und sind erfindungsreicher als zwischen Kindern mit einer losen Beziehung zueinander. Dieses schließt heftige Auseinandersetzungen und Tränen allerdings nicht aus. Konflikte zwischen Kindern, die sich nicht kennen oder kein besonderes Interesse zueinander haben, sind kürzer und eher von einem „Wie du mir, so ich dir" – Verhalten geprägt.

Und noch etwas Drittes belegt die kurze Episode. Konfliktregelungen können nicht darauf reduziert werden, wer Recht hat und wer im Unrecht ist. In der Regel ist diese Frage kaum zu beantworten. Dass Kinder teilen sollen, das wissen sie selbst nur zu genau. Hierauf berufen sie sich selbst immer wieder, wenn sie beispielsweise im Streit anführen, dass der Puppenwagen schließlich allen gehört (also auch mir!). Aber dann kontern die anderen, dass sie zuerst da waren und den Wagen entdeckt haben. Sie leiten ihr Anrecht aus dieser Tatsache ab. Und beide Seiten sind tatsächlich im Recht, es kommt ganz darauf an, welcher Maßstab, angelegt wird. Hieran erkennt man, dass Regeln, die es in jeder Kindertagesstätte zur Genüge gibt, den Kindern längst nicht in allen Fällen weiterhelfen.

Es geht in den allermeisten Konflikten nicht allein um die Sache, die es zu verhandeln gilt, sondern auch ganz erheblich um die Beziehungs- und Situationsdynamik. Aus diesem Grunde sind die Kinder immer wieder neu gefordert, miteinander auszuhandeln, was gelten soll und was nicht.

Jeder Konflikt ist einmalig und Kinder sind die „eigentlichen" Experten

Das heißt auch, dass Kinder Lösungsvorschläge von Erwachsenen nur selten gebrauchen können, dafür sind die Situationen zu vielschichtig. Nicht zuletzt liegt es auch daran, dass wir als Außenstehende zu viel übersehen und allein deshalb schon keine Experten für die Konfliktsituation der Kinder sein können. Daher kommt es in erster Linie darauf an, die Kinder zu verstehen. Das bedeutet, sich mit ihnen auf den Weg zu machen, gemeinsam herauszufinden, was ihre jeweiligen Interessen sind, was der Konfliktgegenstand für sie bedeutet, was sie bereits selbst unternommen haben und wobei sie unsere Hilfe genau gebrauchen können. Kinder sind hier als Ratgeber und Experten sehr wertvoll! Denn sie verfügen über ein Wissen in der konkreten Situation, das sich aus der Beobachtung allein nur schwer herausfinden lässt.

Zurückhaltung in der Beurteilung kindlicher Konflikte ist daher angesagt. Es ist erstaunlich, was wir auf den ersten Blick alles übersehen. So gesehen kann daraus nur resümiert werden, so weit als möglich *mit* den Kindern ihre Konflikte zu bearbeiten und nicht die Konflikte *für* die Kinder zu regeln.

Kein Konflikt gleicht dem anderen, jeder Konflikt ist einmalig. Das heißt, indem wir den Aushandlungsprozessen der Kinder mehr Aufmerksamkeit schenken, erfahren wir viel über Kinder, was sie bewegt, was ihnen wichtig ist, wofür sie sich engagieren, wann sie sich überreden lassen, wo ihre Grenzen liegen und warum sie auch mal fünf gerade sein lassen.

2.2 „Das dürft ihr aber nicht" – Zank und Zoff gehören dazu

Neben den „unspektakulären Konflikten" gibt es auch die andere Seite der Medaille, die spektakulären Auseinandersetzungen unter Kindern. Damit sind solche Konflikte gemeint, bei denen Bausteine durch die Luft fliegen, Kinder sich lauthals anschreien, miteinander prügeln oder vor Zorn das Werk der anderen zerstören. Zank und Zoff gehören mit dazu. Manchmal finden Kinder über diese Form zu einer Verständigung, in anderen Fällen wiederum gerät das Spiel aus der Balance. In solchen Situationen wird die Erzieherin zur Unterstützung und Klärung der kindlichen Interessen tätig. Manchmal greifen Erzieherinnen ein, da sie Schlimmeres verhindern wollen.

„Jetzt sag ich's der Erzieherin!"

Wenn Kinder mit diesem Satz eine Erzieherin zu Hilfe holen, ist in der Regel bereits einiges geschehen. Hierzu ein Beispiel aus der Bauecke auf der zweiten Ebene eines Kindergartens, in der ein Konflikt unter Jungen eskalierte. Eigentlich fing alles ganz harmlos und sogar sehr lustig an. Nämlich mit einem Wortgeplänkel, an dem zunächst alle fünf Jungen ihren Spaß hatten.

Die zwei Hauptkontrahenten waren Denis, der eine Flugbahn aus Lego mit seinen zwei Freunden baute, und Marcel, der direkt nebenan mit Alexander im Gespräch war. Marcel beklagte sich bei seinem Freund über seine kleine Schwester Romina, die ihn ständig nerve. Denis, der dem Gespräch der beiden folgte, mischte sich ein, indem er sang: „Die heißt Kakalina, volle Lina, volle Mülltonne." Alle Jungen lachten und machten bei dem Wortspiel mit. Doch mit einem Mal wurde es Marcel zu viel. Er schnappte sich das Flugzeug von Denis und warf es auf den Boden. Wütend schrie Denis: „Das lass ich mir nicht gefallen," woraufhin Marcel erwiderte: „Dann hör doch auf!" Er drohte damit, die Polizei zu holen, doch das hielt die anderen Jungen, außer Alexander, nicht davon ab, das Wortspiel fortzusetzen: „Die heißt Kakalina, Pipilina …" Lediglich Alexander stellte sich hinter Marcel, doch beide konnten sich nicht durchsetzen. Es kam zu einem Gerangel, bei dem einer rief „Hau dem doch mal eine rein!". Die Jungen schubsten sich, die Bauwerke gingen zu Bruch und der Zank eskalierte. Marcel hielt das nicht mehr aus und ging nach unten zur Erzieherin. Auf dem Bauteppich wurde es ganz still.[10]

Ohne die genaue Beobachtung hätte man vermutlich nur den Singsang der Jungen, das sich anschließende Gepolter und das körperliche Gerangel wahrgenommen. Doch die Vorgeschichte zeigt, wie leicht aus Spaß Ernst werden kann und wie schwer es Kindern mitunter fällt, ihren Ärger zu regulieren, dem anderen rechtzeitig ein deutliches Stopp zu signalisieren. Marcel wurde mit einem Mal so wütend, dass er das Flugzeug von Denis zerstörte. Erst auf die Drohung von Denis „Das lass ich mir nicht gefallen" forderte Marcel ihn mit Worten auf, endlich aufzuhören. Möglicherweise war Denis überrascht über den Sinneswan-

---

[10] Vgl. Dörfler u. a. 2002, Teil A 5, S. 4 ff.

del von Marcel, denn schließlich hatte er doch selbst gesagt, dass ihn seine Schwester nervt, und anfangs hatte er ja auch mitgemacht.

Wenn heftige Gefühle im Spiel sind, fällt es allen jungen Kindern schwer, ihre Impulse völlig unter Kontrolle zu halten. Das gilt insbesondere für die Kleinen, und bei den älteren Kindern vor allem für die Jungen, die ihre Wut oft durch einen ungebremsten körperlichen Einsatz zum Ausdruck bringen. Es gilt aber auch für Mädchen. Allerdings tragen sie ihre körperlichen Auseinandersetzungen oft weniger impulsiv aus als Jungen.

Einerseits gefällt vielen Erwachsenen an jungen Kindern gerade die unmittelbare und spontane Art, ihre Gefühle und Stimmungen zu äußern. Doch wenn es diese Formen annimmt, dann lässt das Verständnis bei ihnen schnell nach. Damit soll nicht jede Prügelei befürwortet werden. Es gilt aber anzuerkennen, dass auch solche Formen vorkommen. Was Kinder in dieser Situation brauchen, ist vor allem jemand, der ihnen zuhört und sie tröstet. Moralische Appelle wie „Ihr sollt euch doch nicht schlagen" helfen hier ebenso wenig weiter wie Schuldzuweisungen.

Kein Kind schlägt einfach so drauflos

Bei der Rekonstruktion von Konfliktsituationen mit Hilfe von Videoaufnahmen sind selten Situationen erkennbar, in denen ein Kind einfach „drauflosschlägt". Jede Auseinandersetzung hat, wie bereits erläutert, ihre Vorgeschichte. So kann sich der kindliche Ärger aufstauen, weil der Freund die eigene Wunde am Knie verächtlich macht, obwohl Mitgefühl und Bedauern vom Freund erwartet wird. Ganz nebenbei kann da der gemeinsam erbaute Turm zur Nebensache werden oder die Bausteine desselben zur „Waffe". Hier wie in allen anderen Fällen greifen die Inhalts- und die Beziehungsebene eng ineinander. Auf der Beziehungsebene verhandeln Kinder möglicherweise, wie sie zueinander stehen, was sie voneinander halten, was sie gegenseitig anerkennen und was sie nicht akzeptieren. Der Inhaltsaspekt kann sich dabei immer wieder wandeln. Während der Streit in der einen Situation die Verletzung am Knie als Ausgangspunkt haben kann, ist in der nächsten der Vorwurf über die Verletzung von Regeln im Umgang miteinander ein mögliches Thema oder der Baustein, um den es aber nicht wirklich geht. In diesen Situationen messen sich Kinder miteinander: Mit welchen Stärken hat jeder aufzuwarten und wie viel gilt das Kriterium der Stärke, Schnelligkeit, Größe oder des Alters.

Das folgende Beispiel zeigt eine typische Aushandlungssituation auf dem Bauteppich. Hierbei geht es um die oft begehrten Bausteine für das eigene Bauwerk und darum, wessen Düsenflieger der „schnellste" oder „beste" ist bzw. wer als erster starten darf.

> Die Freunde Yannick, Fabian und Julian bauen auf dem Bauteppich Raketen. Fabian hält seine stolz in der Hand.
> Fabian: Es darf nur einer starten. Ich fang' mal an.
> Yannik: Dann darf ich. Ich bin nämlich fünf und nicht vier.
> Fabian zu Julian: Dann bist du zuletzt. Du bist der Jüngste.
> Julian: Nee, der Größte kommt zuerst.
> Fabian: Dann starten wir alle gleichzeitig. Schnell! Starten!
> Und alle drei starten – mehr oder weniger gleichzeitig.

Die eigene Position und die gegenseitige Anerkennung können nur die Kinder selbst erringen.[11] Körperliche Auseinandersetzungen gehören hier mit dazu. In diesem Kontext sind auch die Rauf- und Kampfspiele der Kinder zu sehen. So grob solche Spiele für Erwachsene auch erscheinen, sie fördern doch das zwischenmenschliche Feingefühl mehr als wir meinen. Selten sind Kinder mehr gefordert als bei dem Versuch, Späße vor

---

[11] Vgl. Konfliktszene in: Dittrich u. a. 2001, S. 168–180, v.a. S. 179.

dem Umkippen in verletzende Konflikte zu bewahren. Denn wer einfach drauflosschlägt, mit dem lässt sich kein Kind auf eine Rauferei ein. Bei diesen groben Spielen kommt es auf die Fähigkeiten der Kinder an, sich mitzuteilen, die Empfindungen der anderen wahrzunehmen und auf die Folgen zu achten. Nicht alle Kinder verfügen in gleichem Maße über diese Fähigkeiten, denn es setzt voraus, die Gefühle und Absichten der anderen einschätzen zu können. Aber auch deren Pläne und Ziele. Das wiederum setzt voraus, sich der eigenen Gefühle sicher zu sein und sie anderen auch zu signalisieren.[12] Dieser Prozess kann anstrengend sein – und benötigt Übung, manchmal auch klar ausgehandelte Regeln, die zwischen Erwachsenen und Kindern festgelegt werden und auf die sich alle verlassen können.

Nicht in allen Fällen ist für Außenstehende der Sinn nachvollziehbar, den das Handeln für das jeweilige Kind hat. Doch jedes Kind hat seine Gründe. Manchmal spielen tieferliegende Motive eine Rolle, die sich nur schwer erschließen lassen. Dies betrifft vor allem die Kinder, die Erzieherinnen immer wieder auffallen. Sie werden im Alltag als störend erlebt. Sie sorgen für „Zoff" oder werden in eine Außenseiterrolle gedrängt. Hier brauchen Erzieherinnen die Unterstützung durch Beratungsdienste, Fallbesprechungen oder auch Supervision, um den *Sinn* des kindlichen Verhaltens entschlüsseln zu können. Bedachtsamkeit und Selbstreflexion sind bedeutsame Fähigkeiten, damit Kinder nicht vorschnell in „Schubladen gesteckt" werden, wodurch sich die Spirale der Störungen im Grunde immer weiter nach oben schraubt.

Insbesondere dann, wenn Konflikte in offene Streitereien ausarten, löst dies heftige Gefühle bei allen aus, auch bei den

---

[12] An dieser Stelle sei auch auf den Zusammenhang von Bindungserfahrungen und sozialer Kompetenz hingewiesen. Ergebnisse der Bindungsforschung legen nahe, dass vor allem unsicher gebundene Kinder zu Fehleinschätzungen anderer im Hinblick auf ihre Pläne und Ziele neigen und zu einer mangelnden Integration und Kohärenz der Gefühle, vor allem der negativen Gefühle in Zusammenhang mit Belastungen (vgl. Spangler 1999, S. 50–63).

Zuschauern. Sie können sich in Wut und Zorn äußern, aber auch in Angst oder Hilflosigkeit. Gerade der Umgang mit diesen heftigen Gefühlen macht es vielen so schwer, Konflikte als einen notwendigen Bestandteil sozialer Beziehungen anzuerkennen. Da geht es den Kindern nicht anders als den Erzieherinnen. Ein erster Schritt in die richtige Richtung kann es sein, die „Wut im Bauch" beim Namen zu nennen. Wird dann gemeinsam mit den Kindern überlegt, wie diesen Gefühlen Raum verschafft werden kann, ohne dass andere dabei verletzt werden, erleben Kinder, dass ihre Gefühle ernst genommen werden. Sie fühlen sich nicht als Person abgelehnt, sondern sie erfahren, dass die Verhaltensweise kritisiert wird, mit der sie ihren Gefühlen Ausdruck verleihen.

Kinder brauchen Unterstützung

Gibt es Zoff und Streit in der Spielgruppe, geraten auch Kinder in Situationen, die sie selbst nicht mehr durchschauen können. Für Kinder ist es nicht immer verständlich, warum der andere ihnen jetzt ihr Flugzeug kaputt macht, sie mit dem Baustein bewirft, petzt oder aus der Rollenspielecke verdrängt. Hier brauchen sie eine besondere Art von Unterstützung durch Erwachsene. Was sie nicht brauchen, sind Erzieherinnen in der Richterrolle, die Schuld zuweisen und Strafen aussprechen. Hilfreich sind vielmehr Erwachsene, die gemeinsam mit Kindern versuchen, die *Situation* zu entschlüsseln und zu „ordnen", Erwachsene, die helfen, die Sichtweise aller Beteiligten zur Sprache zu bringen und in der Lage sind, Gefühlen Worte zu verleihen. Leider wird zu oft bloß darauf geachtet, dass die *äußere* Ordnung wieder hergestellt wird, indem die Puppenküche unverzüglich aufzuräumen ist oder Bausteine einsortiert werden müssen. Aber die Konfliktsituation selbst ist damit noch nicht „in Ordnung gebracht".

Zuallererst ist es wichtig, dass sich die angespannte Situation wieder entspannt. Im Zorn hat niemand ein Ohr für den anderen, Zuhören ist oft schlichtweg unmöglich. Der 6-jährige Sven bringt das auf den Punkt, wenn er sagt: „Ihr immer mit eurem Reden. Ihr wisst ja gar nicht, dass man so ein Streitgefühl haben kann. Da muss man einfach jemanden schlagen, weil das Gefühl so da ist." Der Anspruch, Konflikte immer sachlich und ohne Emotionen bewältigen zu können, überfordert letztlich alle.

Eine Atmosphäre der Fehlerfreundlichkeit ist hier wünschenswert. Es darf dann auch einmal laut zugehen. Es kann auch passieren, dass ein falsches Wort gesagt wird oder ungerechte Äußerungen Raum einnehmen. Wie leicht geschieht es, dass sich der Erwachsene plötzlich selbst in einen Machtkampf mit Kindern verstrickt wiederfindet. Wichtig ist, im Nachhinein die Situation noch einmal mit Kolleginnen zu reflektieren, sich Unzulänglichkeiten einzugestehen und sie als Entwicklungschance zu erkennen. Auch das reflektierende Gespräch mit Kindern kann zur Klärung konfliktreicher Situationen beitragen.

2.3 Was Kinder in Konflikten lernen – Entwicklungspsychologische Annahmen

Konflikte machen stark. Denn im Aushandeln von Konflikten entwickeln Kinder nicht nur ihre individuellen, sondern auch soziale Fähigkeiten. Durch die Aushandlungsprozesse, die mit Konflikten einhergehen, lernen Kinder sowohl sich durchzusetzen als auch mit anderen zu kooperieren. Dafür bietet der Kindergarten den Kindern hervorragende Lerngelegenheiten, mit seinen vielfältigen Alltagssituationen, in denen vor allem das gemeinsame Spiel einen hohen Stellenwert einnimmt. Somit ist der Kindergarten ein Ort des *sozialen Lernens*. Doch wie lernen Kinder und welche Rolle spielen Konflikte im Kontext des sozialen Lernens?

Die Bedeutung von Konflikten

Welche Bedeutung Konflikte für die soziale Entwicklung haben und welche Entwicklungsprozesse damit angestoßen werden, das ist Gegenstand zahlreicher entwicklungspsychologischer Untersuchungen. Einig ist man sich in der Entwicklungspsychologie heute darüber, dass Konflikte ein notwendiger Bestandteil sozialer Beziehungen sind und als Motor für kindliche Entwicklungsprozesse funktionieren. In der Literatur lassen sich viele Belege dafür finden, wie sich Konflikte unter Kindern oder zwischen Kindern und Erwachsenen auf die sozial-emotionale und kognitive Entwicklung der Kinder auswirken.[13] Den Untersuchungen liegen allerdings unterschiedliche theoretische Ansätze zugrunde. Während die Psychoanalyse die emotionalen und innerpsychischen Komponenten von Konflikten untersucht, unterstreicht die kognitive Entwicklungstheorie die Bedeutung von inneren und sozialen Konflikten für die Entwicklung kognitiver und sozial-kognitiver Fähigkeiten sowie der Fähigkeit zum kooperativen Handeln. Die Zugänge zum Thema sind höchst unterschiedlich und die Ergebnisse lassen sich demzufolge auch nicht miteinander vergleichen. Es gibt verschiedene Auffassungen über den Konfliktbegriff. Auch die Vorstellungen darüber, wie Entwicklungsprozesse verlaufen, unterscheiden sich voneinander.

Hinzu kommt, dass in den vergangenen Jahren viele traditionelle Erklärungen, z. B. der kognitiven Entwicklung, in Frage gestellt wurden und Forscher heute nachweisen, dass Kinder viele Fertigkeiten schon in weit früherem Alter besitzen, als beispielsweise der berühmte Genfer Entwicklungspsychologe Jean Piaget ihnen zugetraut hatte.[14] Gleiches belegt auch die neuere Säuglingsforschung, die ihre Kritik mit dem

---

[13] Vgl. Erdt 2001.
[14] Vgl. Mechsner 2003, S. 46 ff.

Begriff des „kompetenten Säuglings" eindrücklich auf den
Punkt bringt.

Alte und neue Konzepte

Während heute der Blick vor allem auf die Kompetenzen der
Kinder, ihre Ressourcen und Potenziale gerichtet ist, heben ältere Untersuchungen ihre Defizite hervor, da sie sich an Norm-
werten orientierten (Stufen- bzw. Phasenmodelle). Das heißt,
die Vorgehensweise in der Forschung ist immer auch durch das
zugrunde liegende Menschenbild geprägt. Und das wiederum
lässt sich an den Forschungsergebnissen ablesen.

In Deutschland gibt es nur sehr wenige Untersuchungen, die
explizit das Konfliktverhalten von Kindern zum Forschungs-
gegenstand hatten.[15] Eine der bekanntesten entwicklungspsy-
chologischen Untersuchungen zum kindlichen Konfliktverhalten in Kindertagesstätten hat Ulrich Schmidt-Denter (1977)
durchgeführt. Die Studie entstand Mitte der 70er Jahre und
ihre Ergebnisse spiegeln den theoretischen „Zeitgeist" der dama-
ligen Zeit wider. Das kindliche Konfliktverhalten wurde auf dem
Hintergrund von Phasen- und Stufenmodellen „gemessen", wobei die normativen Ansprüche hoch waren. Für Ulrich Schmidt-
Denter verliefen Konflikte dann konstruktiv, „wenn Kinder ihre
Konflikte mit sprachlichen Mitteln regeln, möglichst einen Sieg
oder eine Niederlage vermeiden, Kompromisse finden, wechselseitig die Interessen der Gegenseite berücksichtigen und nicht zu
oft um die Hilfe der Erwachsenen bitten."[16]

Dies war der Maßstab, an dem das kindliche Konfliktverhalten seinerzeit gemessen wurde. Die Reaktionsweisen der Kinder
wurden als „aggressive Durchsetzungsstrategien" charakterisiert

---

[15] Vgl. Dittrich u. a. 2001, S. 7ff.
[16] Schmidt-Denter, zit. in Dittrich u. a. 1996, S. 69 f.

und als „einfach strukturierte Handlungen" bezeichnet. Ergebnis der Untersuchung war, dass das konstruktive Konfliktlösungsverhalten der Kinder im Vorschulalter keine wesentliche Zunahme erfährt.[17]

Der Blick auf Kinder ist hier durch den Blick auf die Defizite, also auf das, was die Kinder *noch nicht* können, geprägt. Nicht auf das, was sie konkret praktizieren. Da sie *noch* keine Erwachsenen sind, müssen sie demzufolge noch viel *lernen*. Gerade im Bereich der Sozialerziehung wird deutlich, wie überhöht bis heute die pädagogischen Erwartungen der Erwachsenen an Kinder sind. Nicht mal sie selbst lösen immer ein, was sie von Kindern erwarten. Stellen Sie sich vor, die Entwicklungspsychologen hätten die Untersuchung in ihrem Team durchgeführt? Oder denken wir an Konflikte im Familienkreis oder in der Politik, dann stehen auch wir Erwachsene noch längst nicht auf der „Entwicklungstreppe" ganz oben. Der ständige Vergleich mit „Bestmarken" hilft jedenfalls nicht weiter, konkretes Verhalten zu verstehen.

Das Bild einer „Entwicklungstreppe", die einzelne, klar voneinander abgrenzbare Entwicklungsstufen benennt und wo nur derjenige die oberste Stufe erreicht, der vorher die anderen erklommen hat, gilt heute als überholt. Wir stimmen mit dem Entwicklungsverständnis der beiden schwedischen Vorschulpsychologinnen Marianne Brodin und Ingrid Hylander (2002) überein, die unter Bezugnahme auf den Entwicklungspsychologen Daniel Stern konstatieren, dass es zwar spezielle Perioden gibt, in denen Aufgaben gelöst werden sollen, um sie dann hinter sich zu lassen. Diese Bereiche dürfen aber nicht unabhängig voneinander betrachtet werden, vielmehr koexistieren sie nebeneinander.[18]

Es ist zum Beispiel nicht so, dass ein Kind erst im „Trotzalter" beginnt, seinen Willen zu entdecken und ihn anderen gegenüber durchzusetzen. Das geschieht viel früher und hält län-

---

[17] Vgl. Dittrich u. a. 1996, S. 70 f.
[18] Vgl. Brodin/Hylander 2002, S. 127.

ger an, als wir für gewöhnlich annehmen. Für Marianne Brodin und Ingrid Hylander steht fest, dass selbstständig zu sein mehr bedeutet als „Nein" sagen zu können oder, unbeobachtet von der Mutter, heimlich die ersten Schritte zu wagen. Ihrer Meinung nach sind dies einzelne Details auf dem *lebenslangen Entwicklungsweg* der Selbstbehauptung und der Autonomie.[19]

Die Phasenfolge soll hier nicht grundsätzlich in Zweifel gezogen werden, schließlich lassen sich konkrete Entwicklungsschritte bei Kinder ganz offensichtlich beobachten. Diese Fähigkeiten „reifen" jedoch nicht von allein. Soziales Lernen geschieht vielmehr in und durch die Interaktion mit anderen Kindern und Erwachsenen, wobei die Entwicklungspsychologie Hinweise darauf geben kann, worauf es dabei ankommt.

Auf welche Fähigkeiten es ankommt

Wenn Kinder in Konflikt geraten, dann ist davon auszugehen, dass ihre emotionalen und ihre kognitiven Fähigkeiten gleichermaßen herausgefordert werden. Grundsätzlich wird ein hohes Maß an Aufmerksamkeit benötigt, um die Konfliktsituation, an der mindestens zwei, meist noch mehr Kinder, beteiligt sind, richtig einzuschätzen. Einfühlungsvermögen und Mitgefühl sind gefordert, denn sie liefern die Motivation für pro-soziales Verhalten wie Helfen, Trösten, Teilen u. a. m. Gefordert ist auch eine Kontrolle über die eigenen inneren Impulse, denn in einer angespannten Situation und unter einer hohen emotionalen Belastung die richtigen Worte zu finden oder sich „angemessen" zu verhalten, setzt eine hohe Selbstkontrolle voraus. Darüber hinaus ist moralisches Wissen als Entscheidungshilfe von Bedeutung. Das heißt, eine Situation ist auch danach zu beurteilen, was „richtig" ist und was nicht. Damit sind Fragen nach

---

[19] Vgl. ebd. S. 29.

den Regeln der Gemeinschaft, aber auch nach den Werten und Normen unserer Gesellschaft berührt. Und es braucht die Fähigkeit, die Intentionen des anderen zu erkennen und zu verstehen (Rollen-, Perspektivenübernahme).

Bereits diese kurze Auflistung zeigt, wie vielfältig die Anforderungen sind, die auf Kinder zukommen, wenn sie mit anderen Kindern oder Erwachsenen in Konflikt geraten, wobei in der Literatur der Fähigkeit zum Perspektivenwechsel und zur Rollenübernahme eine besondere Bedeutung beigemessen wird.

Rollenübernahme – der Schlüssel zum sozialen Handeln

Ein wichtiger Schlüsselbegriff, der die Entwicklungsprozesse des sozialen Lernens verstehbar werden lässt, ist der Begriff der *Rollenübernahme*. Er kommt aus der kognitiven Entwicklungspsychologie und bezeichnet eine der zentralen Kompetenzen, die soziales Handeln erst möglich machen. Sozial zu handeln meint hier, dass sich mein Handeln an dem Handeln anderer „orientiert". Es meint nicht nur: „Das hat der eine getan, also tue ich jetzt als Reaktion darauf jenes". Es bedeutet vor allem, dass ich mich, *bevor* ich selbst etwas unternehme, daran orientiere, was ich als *zukünftiges* Handeln des anderen *erwarte*. Damit ist gesagt, dass meine Prognosen über die Reaktionen anderer auf mein Handeln mich in meinem Tun wesentlich beeinflussen.[20] In diesem Sinne ist „Sozialverhalten" ein neutraler Begriff. Nicht erst, wer moralischen Ansprüchen genügt, handelt sozial, sondern bereits wer das Denken, Fühlen, Handeln anderer in Rechnung stellt und eigenes daran orientiert.

Wie häufig Kinder in Konfliktsituationen genau dies tun, wird jedem schnell deutlich, der ihnen nur ein paar Minuten zuschaut, wenn sie in einem Rollenspiel Spielideen und Positionen unter-

---

[20] Vgl. Pohlmann 2000, S. 86.

einander aushandeln. Wer die hierbei auftauchenden Konflikte Satz für Satz und Handlungsschritt für Handlungsschritt analysiert, entdeckt jedes Mal geradezu ein soziales Drama mit Belohnung und Bedrohung, Krisen und Entspannung, Enttäuschung und Erfolg, mit gegenseitiger Überredung und Überzeugung.

Im Konfliktgeschehen lässt sich gut beobachten, wie die Kinder ihr Handeln jeweils am Handeln der anderen, d. h. auch an ihrer Körpersprache, der Mimik und Gestik und an der Intonation ihrer Sprache „orientieren" und sich damit wechselseitig beeinflussen. Dabei teilen sich die Kinder längst nicht nur sachliche Informationen mit (z. B. „Wir wollen mitspielen." „Ich bin die Bestimmerin." u. a. m.). Aus der Kommunikationsforschung wissen wir, dass hinter solchen Informationen nie die Sachebene alleine steht. Wir hören nämlich mit vielen Ohren und nehmen die Zwischentöne wahr, die in jeder Kommunikationssituation mitschwingen. Über diese Fähigkeit verfügen auch Kinder, wenn sie sich miteinander verständigen. Sie können die Botschaften entschlüsseln und gewissermaßen damit „spielen", wobei das Alter natürlich eine Rolle spielt und damit auch das sprachliche Vermögen. Es liegt andererseits aber auch daran, dass sich die Kinder durch den Kindergartenbesuch bereits kennen und viel voneinander wissen: z. B. wer gerne welche Rolle einnimmt, wann der/die andere beleidigt ist, welches Argument Gewicht hat und welches nicht etc. Ihr Handeln in dieser Situation baut sozusagen auf die vielen sozialen Erfahrungen auf, die die Kinder bereits miteinander gemacht haben. Und genau deshalb sind *Gelegenheiten* für eigene soziale Erfahrungen so wichtig.

Eigene Erfahrungen sind durch nichts zu ersetzen. Darin bauen Kinder ihre Fähigkeit zur Rollenübernahme aus, nämlich eine Situation aus vielen Perspektiven gleichzeitig zu betrachten. Den Grundstein für die Fähigkeit zur Rollenübernahme sehen alle Entwicklungspsychologen im Rollenspiel. Hier ist der Ort, an dem die Kinder andere imitieren und die Welt aus einer anderen als der eigenen Rolle heraus betrachten üben.

Selbstbewusstsein – Sich seiner selbst bewusst sein!

Soziales Lernen vollzieht sich im interaktiven Hin und Her von Beobachtung und Nachahmung, von Aktion und Reaktion. Dabei sind vor allem die Reaktionen anderer Kinder und Erwachsener von Bedeutung für das eigene Verhalten. Kinder entdecken dabei, womit sie bei anderen Erfolg haben und was andere bei ihnen mögen oder ablehnen. Sie lernen damit sozusagen durch den Spiegel des anderen auch sich selbst kennen.

Der Begriff des Selbst, der in der Sozialpsychologie und in der Entwicklungspsychologie eine herausragende Rolle spielt, ist uns eigentlich ziemlich vertraut. Gerade in der Pädagogik gibt es viele Begriffe, in denen das *Selbst* vorkommt, denken wir etwa an das Selbstvertrauen, das Selbstwertgefühl, das Selbstbewusstsein, die Selbstständigkeit oder die Selbstkontrolle.

Weiterhin kommt dieser Begriff in Zielformulierungen zur Konfliktfähigkeit von Kindern vor, wenn z. B. gesagt wird: die Kinder sollen lernen, ihre Konflikte *selbst* zu lösen. Dahinter steckt weit mehr als nur, es *alleine* zu tun. Es selbst zu tun heißt, die Initiatorin von etwas zu sein, zu spüren, dass ich es bin, die handelt, die empfindet, plant, sich bewegt und die Erlebnisse in Worte fasst. Oft wird darüber kaum nachgedacht, weil es so selbstverständlich erscheint. Wir können es uns aber auch bewusst machen. Ich kann über mich und meine Empfindungen nachdenken. Aber das ist ein Prozess, der Zeit braucht und vor allem „ermutigende Interaktionen, durch die das Kind zu sich selbst kommt, sich selbst findet und deutlich für sich und andere wird."[21]

---

[21] Brodin/Hylander 2002, S. 25.

Ein *Empfinden* von sich selbst entwickelt sich bereits sehr früh, schon bevor Kinder über sich nachdenken und sprechen können. Und schon zwei- bis dreijährige Kinder sind sich ansatzweise der Gefühle und Wünsche anderer bewusst. Aber sie sind noch nicht fähig, sich bewusst *reflektierend* innerlich in die Position eines anderen hinein zu versetzen und die Gefühle des anderen zu erkennen, zu begreifen und stellvertretend nachzuvollziehen. Deutlicher wird dies bei kleinen Kindern, die noch nicht in der Lage sind, überhaupt erkennen zu können, dass jemand eine Situation anders einschätzen kann als sie selbst. Sie denken, dass alle Menschen die Welt so sehen wie sie. Deshalb kann es leicht zu Missverständnissen kommen, sprich: die Kinder haben einander nicht verstanden oder „aneinander vorbei gehandelt".

Entwicklungspsychologen gehen davon aus, dass zwischen dem zweiten und dem fünften Lebensjahr die Interaktionen von Kindern häufiger, beständiger, sozialer und komplexer werden.[22] Wenn wir nun davon ausgehen, dass die Kinder von Beginn über die Fähigkeit verfügen, mit anderen zu kommunizieren, und diese Fähigkeit sich mit der Zeit weiterentwickelt und ausdifferenziert, dann liegt die pädagogische Aufgabe genau darin, die Kinder einerseits nicht zu unterschätzen, sie andererseits aber auch nicht zu überfordern.

Welche Rolle die Sprache spielt

Indem wir Kinder als kompetente Kinder anerkennen, rückt auch ihre Kommunikationsfähigkeit in ein neues Licht. Dabei ist gesprochene Sprache bei weitem nicht das einzige Kommunikationsmittel, auf das Kinder zurückgreifen bzw. angewiesen wären. Kinder können sehr gut durch nonverbale Kommunikation (Gestik, Mimik, Körpersprache) signalisieren, was sie wol-

---

[22] Vgl. Mussen u. a. 1996, S. 53.

len und was nicht. Weil wir Erwachsene jedoch eher auf die verbale Kommunikationsform reagieren, besteht die Gefahr, dass wir einen Großteil der wortlosen Kommunikationssignale nicht verstehen, falsch interpretieren oder übersehen. Erzieherinnen, die in Krabbelstuben oder Kinderkrippen arbeiten, wissen, dass ein großer Anteil der mehr oder weniger heftigen Rangeleien zwischen Kindern den Versuch darstellt, eine Beziehung zu einer anderen Person herzustellen. Brodin/Hylander nennen diese Form von Kontaktaufnahme „Knuffkontakt"[23]. Sie gehen sogar so weit zu behaupten, dass das intensivste Gemeinschaftserlebnis auf nonverbaler Ebene stattfindet, auf der Ebene von Blicken und von körperlichem Kontakt. Wenn wir an unsere eigenen persönlichen Erlebnisse mit uns nahe stehenden Menschen, mit der Partnerin oder dem Partner, den eigenen Kindern oder guten Freunden denken, dann können wir nur zustimmen.

So gesehen überrascht die Beobachtung keinesfalls, dass die Körpersprache nicht nur in der Kommunikation zwischen kleinen Kindern eine zentrale Rolle spielt. Selbst bei älteren Vorschulkindern, die sich bereits sehr wortgewaltig auseinander setzen können, werden die entscheidenden Wendepunkte in Konfliktsituationen oft nonverbal herbeigeführt. Ein schiefer Blick oder ein verächtliches Lachen wiegen oft schwerer als das gesprochene Wort. Bereits junge Kinder haben eine nahezu seismografische Fähigkeit, auch die kleinsten und subtilsten Gefühlsschwankungen bei anderen, vor allem ihnen nahe stehenden Personen, zu erfassen. Für uns Erwachsene heißt das, nicht allein auf die verbale Sprache fixiert zu sein.

Natürlich bietet die Sprache den Kindern in ihrem Leben vielfältige neue Möglichkeiten zur Kommunikation. Allerdings ist auch die Tatsache bekannt, dass nicht alles sprachlich kommunizierbar ist. Somit kann die Lösung eines Konfliktes nicht alleine darin liegen, ihn sprachlich zu regeln. Ebenso wichtig ist

---

[23] Vgl. Brodin/Hylander 2002, S. 118.

es, die nonverbalen Signale der Kinder aufzunehmen, zu interpretieren und zu beantworten. Hier sind uns die Kinder um einiges voraus.

Die Grenzen des entwicklungsförderlichen Potenzials von Konflikten

Nicht allen Kindern gelingt es, die Absichten eines anderen Kindes richtig einzuschätzen. Haben Kinder in ihren frühen Bezie-
hungserfahrungen in der Familie vor allem Druck oder Gewalt
erlebt, ohne dass sie selbst die Situation mit beeinflussen konnten,
besteht die Gefahr, dass sie in ihrem Konfliktlösungsverhalten wenig einfühlende oder vermittelnde Fähigkeiten einsetzen können.
Das elterliche Vorbild hat hier eine bedeutende und prägende
Wirkung. Manchen Kindern gelingt es vor diesem Hintergrund
nicht, eine Konfliktsituation einschätzen zu können. Sie unterstellen anderen Kindern mitunter feindselige Absichten, die in
der Form nicht intendiert waren. Das wiederum erklärt, warum
sie für Außenstehende ohne ersichtlichen Grund einfach darauf-
losschlagen – eben weil sie sich fälschlicherweise angegriffen fühlen. Die soziale Wahrnehmung der Kinder zeigt hier eine „bezie-
hungspessimistische" Verzerrung. Sie lernen eventuell, dass sie
von Erwachsenen abgelehnt und zurückgewiesen werden, und
bestätigen somit ihre vorhergehende pessimistische Erfahrung.
    Für die Verständigung untereinander ist die „Orientierung"
am Verhalten des anderen von großer Bedeutung. Wenn ein
Kind nämlich unterstellt, ein anderes Kind habe seinen Turm
absichtlich zerstört, wird es anders handeln, als wenn es davon
ausgeht, dass dies durch ein Versehen geschehen ist. Vor allem
Kinder, die ein negatives Selbstkonzept haben, unterstellen anderen Kindern sehr schnell feindselige Absichten.
    Haben Kinder wenig Selbstwertgefühl, dann beeinflusst das
natürlich auch ihr Bild, das sie sich von anderen Kindern und

Erwachsenen machen. Leider erleben nicht alle Kinder Wärme in den für sie wichtigen Beziehungen, denn diese Wärme erleichtert es dem Kind, die Werte der Erwachsenen und der anderen Kinder zu akzeptieren. Erst die Anerkennung *durch* andere (Eltern, Erzieherinnen, Freunde etc.) befähigt Kinder zur Anerkennung *der* anderen.

Einige Kinder ziehen sich in sich selbst zurück und begeben sich in die soziale Isolation. Wieder andere Kinder werden schnell handgreiflich und können ihre Impulse nicht kontrollieren, vor allem wenn heftige Gefühle mit im Spiel sind. Hier stößt die Annahme, „Konflikte machen stark" an ihre Grenzen. Manchmal kann das Gegenteil der Fall sein. Wenn Kinder ständig negative Erfahrungen einstecken, weil andere immer schneller, stärker und durchsetzungsfähiger sind, kann dies zu einem negativen Selbstbild bei den Kindern führen. Kinder, die ständig Streitereien initiieren und deshalb von anderen Kinder abgelehnt werden, können ebenfalls kaum von ihren sozialen Erfahrungen profitieren. In der sozialen Isolation lassen sich schwerlich positive Beziehungen aufbauen. Für die gesamte Entwicklung des Kindes sind diese Hindernisse nicht förderlich.

Auch wenn wir das entwicklungsfördernde Potenzial betont haben, das sich u. a. in den Aushandlungsprozessen der Kinder zeigt, sind die Risiken dennoch nicht aus dem Auge zu verlieren. An den Aushandlungsprozessen, die misslingen, lässt sich im Grunde genommen gut erkennen, worauf es letztlich ankommt und welche Fähigkeiten in Konfliktsituationen abverlangt werden. Hier braucht es eine besondere Achtsamkeit und Unterstützung gerade von Kindern mit besonderen Bedürfnissen (vgl. Kapitel 3.8).

Soziale Verantwortung lässt sich nicht trainieren

Nun kann es nicht darum gehen, all diese Fähigkeiten einzeln zu „trainieren", noch wird man, wie Lothar Krappmann kritisch anmerkt, dadurch „kompetent im Alltag", dass man Fähigkeiten wie die zum Perspektivenwechsel (Rollenübernahme) oder zur prinzipienorientierten Urteilsbildung (moralisches Wissen) ins tägliche Leben überträgt.[24]

Wir alle wissen nur zu gut, dass wir im Alltag – anders als in der Theorie – nie die optimalen Bedingungen vorfinden. Denn im Alltag ist die Zeit knapp, sind die Rahmenbedingungen ungünstig, passiert vieles gleichzeitig etc. Das gilt auch für den Alltag von Kindern. Da rufen die Erzieherinnen zum Mittagessen, während zu klären ist, ob ein Kind nun die Spielregeln beim Memory Spiel verletzt hat oder nicht, ist das Spielzeug knapp oder die Nachbarspielgruppe zu laut. Zweifellos sind Kinder dem Druck ausgesetzt, sich Handlungszwängen anzupassen und sich flexibel zu verhalten.

Aus diesem Grunde ist es wichtig, stärker als bisher die „Alltagskompetenzen" zu fördern, statt die Kinder über das „richtige" Handeln zu belehren. Hierzu zählt „Aufmerksamkeit und Rücksichtnahme, Prioritäten gepaart mit Flexibilität, Grundsätze vereint mit Lebensklugheit, Bemühung um Wissen nicht ohne den ,Mut zur Lücke', der Blick für das Gegenwärtige und die Zukunft."[25] Und das ist im Grunde gar nicht lehrbar, sondern hierfür sind Situationen zum Mitmachen gefordert und Vorbilder, an denen „ablesbar" ist, wie es gehen kann. Lothar Krappmann geht davon aus, dass ein Kindergarten, der nicht nur ein Kindergarten *für* Kinder ist, sondern einer *mit* Kindern, also die Beteiligung der Kinder fördert, auch einer ist, in dem Situationen entstehen können, die für eine Entwicklung dieser

---

[24] Vgl. Krappmann 2002, S. 18.
[25] Ebd.

Alltagskompetenzen Vorraussetzung sind.[26] Auch unter diesen Bedingungen können Konflikte als Chance verstanden werden.

2.4 „Jetzt sag ich's der Erzieherin" – Wie Kinder mit dem erwachsenen Vorbild umgehen

Die Wege, die Kinder in der Bearbeitung ihrer Konflikte einschlagen, folgen oft einer Logik, die uns als Erwachsene irritiert. Beispielsweise drohen Kinder im Streit damit: „Ich sag's jetzt der Erzieherin". Sie gehen zur Erzieherin und kehren meist mit den Worten zurück: „Ich hab's jetzt gesagt!" Dabei geben Kinder nicht immer genau das wieder, was die Erzieherin tatsächlich gesagt hat. Das belegen die überraschten Kommentare der Erzieherinnen, die davon erfahren. Aber die Drohung „Jetzt sag ich's der Erzieherin!" wirkt bei den anderen Kindern. Auch wenn die Erzieherinnen nicht direkt auf das Geschehen Einfluss nehmen, machen sich Kinder ihre Autorität zu Nutze – in ihrem Sinne.

Es lassen sich noch mehr „eigen-sinnige" Interpretationen der Kinder in ihren Handlungsstrategien finden. Steht beispielsweise beim Fußballspiel zu befürchten, dass der Freistoß durch die Störung eines Jungen gefährdet scheint, dann darf auch schon mal der Schiedsrichter das Problem zur „Chefsache" erklären und schnell selbst den Schuss ins Tor befördern, ohne dass jemand Einspruch erhebt. Typisch für Kinder im Kindergartenalter ist dabei, dass sie ihre Rollen ganz elastisch interpretieren. Sie lassen es einfach zu, dass der Schiedsrichter auch mal ein Tor schießt, weil er bei allen Mitspielern aufgrund seines Könnens große Anerkennung genießt oder aus anderen uns unbekannten Gründen.

In ihren Aushandlungsprozessen halten Kinder, aus unserer Erwachsenenlogik heraus betrachtet, viele solcher Überraschungen bereit. Typisch Kinder, denken wir und schmunzeln mögli-

---

[26] Ebd.

cherweise dabei. Indem wir schmunzeln, laufen wir aber auch gleichzeitig Gefahr, diese Aushandlungsprozesse abzuwerten, als kindlich, naiv, bestenfalls unfertig darzustellen. Dabei entgeht uns die Ernsthaftigkeit, mit der Kinder auf die ihnen zugänglichen Lösungsstrategien zurückgreifen und sie anwenden. Junge Kinder verfügen über Handlungsstrategien, die uns Erwachsenen abhanden gekommen sind. Stellen Sie sich folgende Situation vor: Würden Sie einer Kollegin, mit der sie gerne ein Projekt durchführen möchten, ein Geheimnis verraten, damit eine Mitarbeit zustande kommt? Unter Kindern ist diese Strategie durchaus von Erfolg gekrönt.

Nun könnte man annehmen, dass unter Kindern ganz eigene Regeln gelten. Wie erfindungsreich Kinder ihre Konflikte bearbeiten, belegen die Konfliktepisoden beispielhaft. Wo aber bleibt der Einfluss der Erwachsenen? Schließlich gehen wir alle davon aus, und hoffen es natürlich auch, dass Kinder über das erwachsene Vorbild lernen?

Eine Tatsache steht in diesem Zusammenhang fest: Soziale Verantwortung – und um die geht es in Konfliktsituationen – kann man *nicht lehren*. Denn im Kern sind Kompetenzen wie Aufmerksamkeit und Rücksichtnahme gar nicht lehrbar. Sie sind, wie der Kinderforscher Lothar Krappmann es formuliert, „ablesbar' von Vorbildern; sie sind ‚aufsaugbar' aus Handlungszusammenhängen, an denen Kinder und Jugendliche beteiligt sind."[27] Das heißt, immer dann, wenn ein Kindergarten die *Beteiligung* der Kinder fördert, entstehen Situationen, in denen Kompetenzen über die eigene Erfahrung „abgelesen" werden können. Ein Vorbildverhalten vermittelt sich zum einen nur darüber, dass ich seine Wirkung erlebe oder auch ertrage, und zum anderen braucht es stets die eigene praktische Anwendung.

Die Familie ist ein ebenso wichtiger Ort des Lernens für Kinder. Sie übernehmen aber nicht einfach das, was sie von Erwach-

───────────────
[27] Krappmann 2002, S. 18.

senen hören oder sehen, sondern sie verbinden es mit ihren eigenen Erfahrungen, Zielen und Wünschen. Diese koordinieren sie wiederum mit anderen Kindern.

Damit wird deutlich, dass sich hier nicht zwei getrennte Welten gegenüber stehen: zum einen die Welt der Kinder, zum anderen die Welt der Erwachsenen, sondern zwei verschiedene. Schließlich ist keine der beiden Welten ganz unabhängig von der anderen. In den Aushandlungsprozessen greifen die Kinder selbstverständlich auch auf das zurück, was sie von den Erwachsenen gelernt haben. Aber sie müssen es in die jeweilige Situation einpassen, und die hat stets ihre eigene Dynamik, wie die Konfliktepisode im Lesezimmer eines Kindergartens verdeutlicht. Ist es erlaubt, auf dem Tisch zu sitzen oder nicht? Das ist hier die Frage.

Eine Regel kann nicht immer und überall gelten

„Das darf man nicht!"
Im Lesezimmer eines Kindergartens, eingerichtet mit einem Couchtisch, einem Sofa, Bücherregalen und einer Matratze, spielt sich folgende Situation ab: Drei Mädchen hocken auf dem Tisch und wollen auf die Matratze springen, die vor ihnen liegt. Im Spiel ist sie ihr Bett. Auf der Matratze spielen allerdings drei Jungen. Eines der Mädchen, Isabell, ruft den Jungen zu: „Ihr dürft da nicht dran, auf die Matratze." Jan meint daraufhin nur kurz: „Doch!" Isabell lässt nicht locker und droht: „Dann sag ich's halt meiner Mutter." Und ihre Freundin Sara fügt noch hinzu: „Die kommt beim Essen." Die Jungen lassen sich dadurch allerdings nicht beeindrucken und weisen die Mädchen darauf hin, dass sie eigentlich gar nichts auf dem Tisch zu suchen haben. Jan meint: „Das darf man nicht, auf dem Tisch sitzen!" Eine ganze Weile geht es hin und her, ob man nun auf den Tisch klettern darf oder

nicht. Am Ende klettern alle darauf und springen nacheinander vergnügt vom Tisch auf die Matratze.

Die Kinder verhalten sich in Konflikten oft sehr flexibel. Aus dem anfänglichen Interessensgegensatz – die Jungen waren nicht geneigt, die Matratze zu räumen, auf die die Mädchen springen wollten – entstand am Ende ein gemeinsames Spiel. Alle hatten ihren Spaß daran. Und die Regel? Sie war längst vergessen. Den Jungen war nicht daran gelegen, sich als Ordnungshüter aufzuspielen. Sie wollten einfach nicht ihren Spielort verlassen.

Hätten sich die Kinder in dieser Situation jedoch nicht einigen können, wäre vermutlich jemand mit den Worten zur Erzieherin gelaufen: „Die klettern dort auf den Tisch (das dürfen die nicht!)", in der Hoffnung darauf, dass die Erzieherin die „Ordnung" wieder herstellt und die Mädchen auffordert, vom Tisch herunter zu kommen. Auf die Matratze könnten sie dann nämlich nicht mehr springen.

Unter Kindern gilt eine Regel längst nicht immer und längst nicht überall. Das lernen Kinder bald. Sie probieren in der Kindergruppe aus, welche Freiheiten und Grenzen sie haben. Sie berufen sich auf Regeln, die sie von den Erwachsenen kennen gelernt haben, sie interpretieren diese mitunter sehr elastisch und sie erfinden ihre eigenen Regeln.

Wer beispielsweise in der Hängematte schaukeln will, diese jedoch belegt ist, kann sich mit gutem Recht darauf berufen, dass sie „geteilt" werden muss. „Jeder darf hier rein!", mit diesem Argument starten Kinder oft ihren ersten Versuch. „Wir waren aber zuerst hier", ist nicht selten die Antwort derer, die schon genüsslich schaukeln und das auf keinen Fall aufgeben wollen. Verständlich auch ihr Argument. Wer setzt sich nun durch? Eine einfache Antwort darauf gibt es nicht. Die Auseinandersetzung darum, was gerecht ist, wer sich um wen sorgt und wer wofür Verantwortung trägt, kann beginnen.

Gemeinsam festgelegte Zeichen schaffen Sicherheit

Regeln wiederum können auch Konflikte provozieren, denn jede missachtete Regel bedeutet Auseinandersetzung in der Gruppe. Am tragfähigsten sind solche Regeln, Zeichen oder Rituale, die gemeinsam mit den Kindern vereinbart worden sind. Eine Kindergruppe hat sich beispielsweise auf ein Zeichen geeinigt, das dem anderen Kind deutlich signalisiert, jetzt ist Stopp. Von den Kindern kam die Idee, hierfür das Wort „Sicherheit" zu nehmen. Wer „Sicherheit" ruft, darf nicht mehr angegriffen werden. Und die Kinder machen davon in ihren Auseinandersetzungen Gebrauch, wie das Beispiel der beiden vierjährigen Jungen Michi und Denis zeigt.

Sicherheit
Die beiden Jungen spielen miteinander im Toberaum. Sie können sich nicht recht einigen, ob sie lieber Fangen spielen oder kämpfen wollen. Es kommt zu einer Verfolgungsjagd, die spaßige und ernste Züge trägt. Michi begibt sich dabei in eine Ecke und ruft laut: „Sicherheit". Daraufhin meint Denis, dass die „Sicherheit" aber in der anderen Ecke des Raumes ist. (Der Ort ist nicht festgelegt.) Er spekuliert darauf, Michi auf dem Weg dorthin zu erwischen.
Kurze Zeit später kommt es erneut zu einer Rauferei zwischen beiden, bei der Michi Denis aus Versehen an der Nase trifft. Während Denis auf der Matte liegt und weint und den Trost von Michi nicht annehmen will, läuft dieser hinter einen Vorhang und begibt sich erneut in „Sicherheit". Dieses Mal allerdings, da er Angst hat, die Erzieherinnen könnten mit ihm schimpfen.[28]

---

[28] Ausführliche Szenenbeschreibung in: Dörfler u. a. 2002, Teil A/5, S. 6 ff.

Auch wenn ein gemeinsam erfundenes Zeichen kein Garant für die absolute Sicherheit ist, das belegt die Konfliktepisode deutlich, erlaubt es Kindern immerhin eine kurze Auszeit. Michi hat wenigstens so lange Ruhe, wie er an diesem Ort verweilt. Das Beispiel zeigt auch, dass beide Jungen das Zeichen anerkennen, nicht nur Michi, dem es etwas nutzt. Denis versucht zwar, Michi aus seiner Sicherheit herauszulocken, indem er sagt, diese sei in der anderen Ecke des Raumes. Er stellt diese Aussage jedoch nicht in Frage. Michi kann trotzdem seinen „Ort der Sicherheit" beibehalten. Indem der Ort nicht festgelegt ist, d. h. es jedem Kind selbst überlassen ist, diesen zu bestimmen, kann ein Kind dieses Signal zu jeder Zeit und an jedem Ort für sich nutzen.

Die Kinder dieser Kindergruppe haben ein Zeichen („Sicherheit") vereinbart, mit dem sie den anderen eindeutig ein Stopp signalisieren können. Da es in der Gruppe gemeinsam „beschlossen" wurde, wissen alle Kinder Bescheid und können sich auf diese Regel beziehen. Den „Beschluss" muss man sich natürlich anders vorstellen als dieses unter Erwachsenen üblich ist: Einer hat die Idee, setzt sie sofort um und die anderen stimmen ebenfalls handelnd zu. An dieser Stelle lässt sich gut veranschaulichen, wie Kinder Kompetenzen von Erwachsenen „ablesen", ihre Vorschläge „aufsaugen" und in ihr alltägliches Handeln – allerdings auf eigene Art – einbeziehen.

Handlungsspielraum senkt das Konfliktniveau

Erwachsene nehmen vor allem über die Rahmenbedingungen der Kindertagesstätte Einfluss auf das Entstehen und die Art und Weise der Bearbeitung von Konflikten. Die Kinder müssen sich mit dem arrangieren, was Erwachsene ihnen zur Verfügung stellen. Das gelingt ihnen manchmal besser und manchmal schlechter. Typische, sehr konfliktanfällige Situationen sind zum Beispiel solche, in denen alle Kinder zur gleichen Zeit das-

selbe machen sollen oder solche, die von Kindern lange Wartezeiten abverlangen. Beispielsweise wenn alle Kinder im Flur warten müssen, bis auch das letzte Kind sich angezogen hat, um
dann endlich nach draußen zu dürfen.

Hier besteht der Einfluss Erwachsener vor allem darin, Konflikte zu erzeugen. Sie sind durch die von ihnen herbeigeführte
Situation vorprogrammiert. Solche Konflikte bringen allerdings
niemanden weiter. Im Gegenteil. Lange Wartezeiten oder klassi-
sche Übergangszeiten, wie die Zeit vor dem Mittagessen oder die
Zeit nach der Ruhephase, bevor der Nachmittagsbetrieb allmählich in Gang kommt, sind für Kinder oft eine große Herausfor-
derung. Ihre Geduld wird dabei sehr strapaziert. An den Konfliktsituationen lässt sich das Maß der Überforderung ablesen.
Oft beginnt die Streitsituation mit Gerangel, und dann ergibt
eins das andere. Solche Situationen sind strukturlos, sie wirken
chaotisch, in der Regel ist es sehr laut und niemand hat den
Überblick, am wenigsten die Kinder. Hier lässt sich nur etwas
verbessern, wenn die Strukturen verändert werden, die zu dem
Durcheinander beigetragen haben. Erst dadurch wird für Kinder
wieder Handlungsspielraum hergestellt.

Ohne Zweifel brauchen Kinder Platz. Und die Räume, die
Kindern in der Regel zur Verfügung stehen, sind oft viel zu
eng. Zu große Gruppen und zu enge Räumlichkeiten aber als al-
leinige Ursache für häufige Konflikte unter Kindern anzuführen,
greift zu kurz. Beobachtungen zeigen, dass Kinder durchaus
über einen längeren Zeitraum in großen Spielgruppen auf engem Raum spielen können, ohne dass die Situation eskaliert.
Nicht selten spielen zum Beispiel sechs bis acht Jungen in einer
Bauecke von rund sechs Quadratmetern, ohne dass die Bauwerke einstürzen.

Bei genauer Betrachtung dieser Situation fällt folgendes auf:
Die Kinder, die zu acht in einer kleinen Bauecke spielten, hätten
jederzeit die Möglichkeit, ihr Spiel in andere Bereiche des Raumes auszuweiten, z. B. in den weiten Flur hinein. Raum stand

ihnen hierfür zur Verfügung. Trotz der beengten Situation in der Bauecke verfügten sie über Handlungsoptionen. Sie *hätten* also handeln können, wenn sie *gewollt* hätten. Dieser Handlungs- und Entscheidungsspielraum nimmt dem ganzen Geschehen die Brisanz! Hier muss zwischen der faktischen Enge und dem subjektiven Gefühl von Beengung unterschieden werden. Nicht jeder Mensch fühlt sich gleichermaßen beengt auf engem Raum. Es hängt von den alternativen Möglichkeiten ab, im Notfall aus- weichen zu können.

Ein weiterer Faktor ist für das harmonische Spiel verantwort- lich. Die Kinder hatten ausreichend Material, um ihre Spiel- ideen umzusetzen. Auch der Verständigungsprozess darüber, wer mit wem was spielt, war bereits abgeschlossen. Gerade der Zeitraum, wenn Kinder ein Spiel beginnen, ist sehr anfällig für Konflikte. Sie haben in dieser Phase noch keine Struktur, an die sie sich halten können, da sich diese erst im Aufbau befindet. Ist jedoch geklärt, wer welchen Part übernimmt, tauchen die Kin- der in ihr Spiel ein. Und das mitunter so intensiv, dass sie auf Störungen von außen, beispielsweise auf Lärm oder eine Pro- vokation, kaum reagieren. Sie lassen sich, im wahrsten Sinne des Wortes, nicht aus ihrem „Konzept" bringen.

Im oben angeführten Beispiel teilte sich die Gruppe der acht Jungen von selbst in zwei Spielgruppen, so dass die Abstim- mungsprozesse, die Kinder in Gruppen immer erbringen müs- sen, in zwei kleineren Gruppen, d. h. mit weniger Kindern er- folgten und die Kinder nicht überforderten. So gesehen ist die Regelung, dass lediglich drei Kinder in einer Spielecke gemein- sam spielen dürfen, um damit möglichen Streitereien vorzubeu- gen, zu kurz gegriffen. Das Wechselspiel der Kräfte, die in Spiel- gruppen zum Tragen kommen, ist wesentlich vielschichtiger.

Besonders nachteilig wirkt sich Platzmangel dann aus, wenn zu wenig oder unattraktives Spielmaterial zur Verfügung steht. In der Regel bedeuten nämlich größere Gruppen „weniger" Spielmaterial für alle, „weniger" Erzieherinnen für die Kinder,

„weniger" Platz für alle und „weniger" Luft zum Atmen. Erst wenn die Ressourcen insgesamt knapper werden, tritt das ein, was viele Erzieherinnen von engen Räumen erwarten, nämlich Streitigkeiten.

Hieran lässt sich gut verdeutlichen, welche Rahmenbedingungen Kinder brauchen, damit sie ihre Konflikte gut aushandeln können: Konflikte brauchen Raum.

3 Erwachsene und Kinder

3.1 „Wir schlagen uns nicht" – Der Kindergarten als Ort der Harmonie?

Zuweilen reagieren Erzieherinnen mit verhaltenem Entsetzen, wenn wir in Fortbildungen vorschlagen, den Kindern die Erlaubnis zum Streit zu geben. Eine der gängigen Kindergarten-Regeln lautet: „Wir schlagen uns nicht." Da Regeln meistens das widerspiegeln, was *nicht* von alleine läuft, was also schief geht, haben wir hier einen deutlichen Hinweis darauf, dass der Kindergarten eben kein Ort alleiniger Harmonie ist. Im Gegenteil: hier müssen Kinder immer wieder aufs Neue ihre unterschiedlichen Interessen aushandeln. Sie praktizieren dies auf ihre Art vor allem handelnd, unter Einsatz ihres Körpers.

Zu den Vorstellungen davon, wie ein Kinder-*Garten* aussehen soll, gehört auch immer das Bild einer heilen, vor der harten Realität geschützten Welt. Eine Ahnung davon erhält man bei einem Blick auf so manche Fenstergestaltung oder auf Gruppen- und Einrichtungsnamen, die das Kind als kleines, niedliches Wesen darstellen. Auch wenn Verniedlichungen, die sich zum Beispiel in Einrichtungs- oder Gruppennamen ausdrücken, wie „Würmchengruppe" oder „die kleinen Wichte", zum Glück immer seltener sind, weisen sie doch auf eine Tradition hin, die die Kindergartenpädagogik lange geprägt hat.

Trotz vieler konzeptioneller Veränderungen, in den letzten Jahren vor allem durch den Situationsansatz, den offenen Kindergarten und reformpädagogische Richtungen wie die Freinet-Pädagogik, haftet dem Kindergarten noch immer das beschönigende Bild vom „Schonraum" für Kinder an. Kindern darf dort *nichts* passieren. Die Betonung liegt dabei auf dem Wort „nichts". In so mancher Vorstellung von Erwachsenen soll der Kindergarten perfekten Schutz vor allem liefern, was das wirkliche Leben an Unwägbarkeiten bereithält. Entsprechend sind die Reaktionen auf die eine oder andere Schramme und Verletzung. Die Wirklichkeit ist trotz aller Bemühungen um perfekte Harmonie und Sicherheit – das wissen alle Erzieherinnen – auch im Kindergarten anders, einfach alltäglicher, normaler.

Wie ist es zu erklären, dass schon die kleinste Schramme am Arm zu heftigen Beschwerden von Eltern führt, dass schon alleine der Gedanke, Kindern – auch öffentlich – den Streit zu erlauben, bei Erzieherinnen unangenehme Gefühle hervorruft? Woher kommt es, dass es noch immer fast undenkbar ist, dass eine Erzieherin an einem mit Körpereinsatz ausgetragenen Streit unter Kindern nur beobachtend Anteil nimmt? Wieso reagieren andere hinzukommende Erwachsene darauf so heftig? Die Angst, dabei von Eltern „erwischt" zu werden, steckt jedenfalls tief. Und die meisten Konzeptionen kommen über den fast schon fundamentalistischen Anspruch, Körpereinsatz durch Reden ersetzen zu wollen, gleichzeitig aber Kinder zur Konfliktfähigkeit erziehen zu wollen, nicht hinaus. Von einer Konflikt-*Kultur* ist jedenfalls so gut wie nie[29] die Rede.

Bevor wir nach möglichen Antworten suchen, *erinnern* wir uns einen Moment lang an unsere eigene Kindheit. Blessuren, geschrammte Knie, eine Beule am Kopf, das alles gehört zu den persönlichen Kindheitserinnerungen.

Gerne denken Erwachsene daran, wie sie diese Situationen überstanden haben, wie sie risikobereit und voller Lust an persönliche Grenzen gegangen sind: Bis die Lippen blau waren ins kalte Schwimmbadwasser, mit eiskalten Fingern beim Schlittenfahren ausgeharrt bis zur Dunkelheit, bis zum Rand einer tiefen

---

[29] Vgl. Kapitel 4.3.

Baugrube und gegen alle Verbote hinein, um den verlorenen Ball wieder zu holen.

Zu den Erinnerungen aus der Kindheit gehören auch zahlreiche Konflikte und Streitigkeiten. Immer wieder gab es etwas neu zu regeln, abzusprechen, zu klären. Fangspiele wurden unablässig geändert. Immer wieder musste ausgehandelt werden, wer bestimmen darf, was als Mogelei gilt, wie die Regeln im Moment aussehen und auch, wer mitspielen darf und wer nicht. Schläge auf den Rücken, ins Gesicht, auf Arme und Brust, Tritte, auch Bisse und an den Haaren gezogen zu werden, gehören ebenso dazu wie das Erlebnis, abhauen zu müssen, weil man verloren hat.

Durchgängig war das Gefühl, dass es sich in all diesen Auseinandersetzungen um „eigene" Angelegenheiten handelte. Erwachsene waren da zum Trost, zum Erzählen, als letzte Zuflucht, als Sicherheit im Rücken. Erwachsene wurden selten als Streitschlichter, nie aber als Richter gesucht. Am besten war es, wenn Erwachsene möglichst nichts erfuhren, denn sonst mischten sie sich ein und das führte in der Regel zu falschen, unangemessenen und vor allem ungerechten Entscheidungen.

Auch wenn diese Erinnerungen im Nachhinein beschönigt werden, lässt sich bei Erwachsenen im Rückblick auf die eigene Biografie häufig folgende Aussage feststellen: Konflikte, Verhandlungen, Konfrontationen, Streits usw. gehörten vollkommen selbstverständlich zum Leben als Kind! Nie wären wir auf den Gedanken gekommen, uns die Abwesenheit aller Konflikte untereinander vorzustellen, auch dann nicht, wenn wir dem einen oder anderen gerne aus dem Weg gegangen wären. Zur Selbstverständlichkeit der Konflikte in unserem Erleben als Kind gehört auch das unvermeidliche „Hineingeraten" in einen Konflikt.

Viele Erwachsene haben das Gefühl, dass sie als Kind fast immer selbst verantwortlich für ihre Aushandlungen und Streits waren, und über alle dafür erforderlichen Kompetenzen verfügten. Als Kinder haben wir selbst eine Vielzahl der im Kapitel 2 vorgestellten Konfliktlösungs-Strategien angewandt.

Was wäre gewesen, wenn wir keine Gelegenheit gehabt hätten, unsere eigenen Konflikte auszutragen und Klärungen herbeizuführen? Was wäre gewesen, wenn Erwachsene uns auf Schritt und Tritt beobachtet und sich immer wieder eingemischt hätten? Wie hätten wir unsere eigenen Konfliktlösungsstrategien ausprobieren und erweitern können? Der Kindergarten sollte also ein Ort sein, in dem Konflikt und Streit als zum Leben gehörend und als Lernchance bewertet werden.

Woran aber liegt es, dass eigene Erinnerungen häufig nicht reaktiviert werden, wenn wir es als Erwachsene mit Kindern zu tun haben? Dass Konflikte und Streit noch immer möglichst aus dem Kindergarten verbannt werden sollen, hat viele Ursachen. Ein paar davon möchten wir näher betrachten.

Da ist zunächst die Vorstellung von „Allzuständigkeit", die Illusion, *alles* selbst richten zu können und in *unserer* Macht läge das Wohl der Kinder. Man könnte in diesem Zusammenhang bisweilen auch von Omnipotenzfantasien sprechen.

Da passen Probleme, Tränen, Streit, Wut, Zorn, Ärger, Auseinandersetzung, Abgrenzung oder Trauer nicht ins Konzept. Was häufig fehlt ist eine Gelassenheit im Umgang mit Störungen und eine professionelle Distanz zum Geschehen. Weinende Kinder rufen zudem die Erinnerung an die leidvolle Seite selbst durchlebter Konflikte hervor.

Gefühle werden reaktiviert, zu spüren ist wieder das Bedürfnis nach Trost, Schutz und Zuwendung, vielleicht auch die erlittene Verletzung, die Schmach, das Verlassenheits- oder auch Ohnmachtsgefühl in sich selbst. Gleichzeitig werden auch die Gefühle wieder reaktiviert, die dem verletzenden Streitgegner entgegengebracht wurden: die eigene Wut, vielleicht auch das Bedürfnis, sich zu wehren, es ihm zu zeigen, zurückzuschlagen.

Das alles führt zu einer hohen Identifikation mit dem scheinbar unterlegenen, in jedem Fall aber verletzten, weinenden Kind. Wenn diese Projektion eigener Gefühle auf die Konfliktparteien nicht professionell bearbeitet wird, können sich Erzieherinnen selbst in Konflikte verstricken. Professioneller Umgang damit bedeutet nicht, eigene Gefühle zu leugnen oder zu ignorieren. Sie müssen aber als solche erkannt werden. Nur so kann es gelingen, Vorverurteilungen als solche zu erkennen und Zuschreibungen zu vermeiden, die Kinder schnell als auffällig, aggressiv und hyperaktiv bezeichnen.

Ohne einem Geschlecht einen bestimmten Umgang mit Konflikten zuschreiben zu wollen – im Einzelfall gibt es große Unterschiede –, bestätigen viele Untersuchungen unterschiedliche Verhaltens*muster*.

Fragt man danach, was Konflikte ihnen persönlich bedeuten, antworten die meisten Erzieherinnen etwa so: „Ich mag Konflikte eigentlich nicht sonderlich gern. Ich halte sie zwar für wichtig und man muß sie auch austragen, aber am liebsten hätte ich keine."[30] Konflikte haben für sie erst einmal einen negativen Beiklang, weil sie viel mit Gefühl zu tun haben, mit Wut, die freigesetzt wird. Konflikte bringen erst einmal Disharmonie mit sich. Ein Gefühl, das häufig Frauen Unbehagen macht.

Frauen äußern häufig Angst vor heftigen Gefühlsausbrüchen. Wut und Zorn werden von ihnen immer wieder bereits als „außer Kontrolle geraten" erlebt. Wer Konflikte vermeidet, vermeidet auch solche (schlechten) Gefühle. Frauen, die ihrer Wut und ihrem Zorn Ausdruck geben, gelten noch immer als „hysterisch" oder „zickig". Männer, die ihren Gefühlen freien Lauf lassen, „brauchen das eben."

Viele begründen ihre Scheu, Konflikte offen und direkt auszutragen, mit ihrer Erziehung, in der sie gerade als Frau immer wieder dazu angehalten worden seien, für Harmonie zu sorgen. Dies entspricht auch dem gesellschaftlichen Rollenbild der vergangenen Jahrzehnte, auch wenn es heute brüchiger geworden ist.

---

[30] Dittrich u. a. 1997.

Die eigenen Erfahrungen aus der Kindheit beeinflussen das Verhalten in Konfliktsituationen, was sich vor allem dann zeigt, wenn es um körperliche Auseinandersetzungen von Kindern geht. Viele können diese nur schwer aushalten, weil sie selbst als Mädchen weniger Erfahrungen damit gesammelt haben als Jungen. Männer kennen, unabhängig davon, wie sie körperliche Auseinandersetzungen selbst erlebt haben, ob sie z. B. häufiger zu den Siegern oder Verlierern gehört haben, diese Form der Konfliktaustragung oft besser. Sie besitzen ein anderes Körpergefühl, können häufig selbst unbefangener an Körperauseinandersetzungen herangehen und auch tatsächliche Verletzungsgefahren besser einschätzen. Vor allem aber verfügen sie im Allgemeinen über einen größeren Fundus an Erinnerungen, dass Kampf und Kampfspiele auch Spaß bereiten können, dass Nähe (und Wärme) auch durch Reibung entstehen kann.

Erzieherinnen halten Disharmonie und Spannung häufig schlechter aus. Sie befürchten, dass Konflikte eine Beziehung gefährden oder ganz in Frage stellen.

Interessant ist auch eine These von Christian Büttner[31], der – hier etwas verkürzt – die Vermutung aufstellt, Jungen und Männern wäre die Klärung vertikaler Rangfolgen und Ordnungen geläufiger als Frauen und Mädchen. Vereinbarungen und Absprachen unter Gleichen, also ohne hierarchische Strukturen, ist nach dieser These eher Frauen und Mädchen vertraut. Hierarchien sind vertikal geordnet: von oben nach unten, mit Boss und Chefs. Horizontal, also auf gleicher Ebene, wird eher ausgehandelt und abgesprochen.

Die Sprachen und auch die Art und Weise, wie jeweils mit Konflikten umgegangen wird, sind daher unterschiedlich. Hierarchien kommen mit klaren Anweisungen aus, brauchen aber immer wieder von neuem Positions- und Rangfolgenklärungen. Gegenseitiges Vereinbaren hingegen ist ohne wechselsei-

---

[31] Büttner 1998.

tige Kommunikation nicht denkbar, schafft aber auch immer wieder Unsicherheiten darüber, was nun gilt und wer dafür letztlich verantwortlich ist.

Büttners These kann man sowohl auf die Art und Weise, wie in (Frauen-)Teams gestritten wird beziehen, wie auf die Erwartungen, die Frauen an streitende Kinder richten. Wenn Kinder einmal nicht reden, sondern nur etwas durchsetzen *wollen*, können sich Schwierigkeiten zwischen Erzieherinnen und Kindern entwickeln: Türen zu schlagen ist ebenso verpönt wie jemanden nicht mitspielen zu lassen. Viele Erzieherinnen neigen dazu, alles ausdiskutieren zu wollen.

Es geht uns natürlich nicht um Zuweisungen: „männlich" oder „weiblich". Es geht uns um die jeweils unterschiedlichen Vorerfahrungen, mit denen Männer und Frauen Konflikten unter Kindern (und mit ihnen) begegnen. Da spielt es auch für die Erwachsenen eine Rolle, wer sich streitet, ob es Jungen sind oder Mädchen. Wie sehr das eigene Geschlecht mit den zu ihm gehörenden geschlechtstypischen Erfahrungen sich auf das aktuelle Verhalten auswirken kann, belegt das folgende Zitat eines Erziehers: „Bei Mädchenkonflikten, da gehe ich eher zurück. Ich löse lieber die Konflikte bei Jungen, da kann ich hart rangehen. Bei Mädchen habe ich immer das Gefühl, ich muss sie so zart anfassen. Das überlasse ich lieber den Kolleginnen."[32]

Auch Eltern begegnen ihrem eigenen Kind zunehmend mit solchen Bildern. Vieles hat sich in den letzten 20 Jahren in der Binnenstruktur von Familien verändert:

- Kinder sind mehr als früher Wunschkinder, geplant und erwartet. Kinder, meist nur eins oder zwei, werden schnell zum Sinn des Lebens und häufig mit vielen Hoffnungen und Erwartungen belegt.
- Die bewusste Auseinandersetzung mit der eigenen Elternrolle hat, wie man nicht zuletzt der Flut von Elternratgebern ent-

---

[32] Büttner/Nagel 2001, S. 15.

nehmen kann, stark zugenommen. Das Positive daran ist: der Erziehungsstil hat sich vom autoritären und konfliktreicheren Stil, der bis in die 70er Jahre noch allgegenwärtig war, zu einem mehr auf das gegenseitige Aushandeln von Interessen bedachten Stil gewandelt. Kindern wird mehr zugehört.

■ Andererseits ging damit eine starke Verunsicherung einher, wie nun eine Supermutter oder wie ein Supervater sein soll. Das eigentlich positiv zu wertende Bedürfnis, bloß nichts falsch zu machen, führt auch dazu, von Kindern immer früher immer mehr zu erwarten, um eine Bestätigung für die eigenen Bemühungen zu erhalten. Harmonie in der Familie und damit das Gefühl eines „gelungenen Familienlebens" haben heute einen sehr hohen Stellenwert. Auch da stören Ausrutscher, Umwege, Fehler und Konflikte.

■ Das Bestreben nach Erziehungsperfektionismus strengt sehr an. Zusammen mit weiteren vielfach ökonomischen Belastungen von Familien und ihren Zukunftssorgen wirken sich Störungen, wie das Gefühl, meinem Kind könnte etwas Schlimmes passiert sein, besonders stark aus. Da kommt es leicht zu überzogenen Reaktionen.

Die Kindertagesstätte muss dem mit beruhigenden und Familien stärkenden Strategien begegnen. Auch hier gilt es nachempfindbar werden zu lassen, dass überstandene Konflikte stark machen, Wunden wieder heilen und Kleidung auch genäht werden kann.

Zuletzt bleiben Kindergärten auch von gesellschaftlichen Diskussionen nicht unberührt. Die Debatte um die angeblich stark zugenommene Jugendkriminalität, die übrigens durch Statistiken nicht belegt ist, erschwert natürlich zusätzlich einen unverkrampften Umgang mit körperlichen Auseinandersetzungen im Kindergarten. Da wendet man sich schnell nur mit der Brille der Gewaltprävention an Jungen und an ihre Form, sich Konflikten zu stellen. Dabei werden gleichzeitig Mädchen in „typisch weibliche" Schubladen gesteckt, so als wären ihnen körperliche Auseinandersetzungen völlig fremd und dem weiblichen Geschlecht nicht entsprechend.

Hier ist ein genaues und differenziertes Hinsehen bei den entstehenden Konflikten unter Kindern erforderlich. Dazu gehört auch, dass Konflikte angesprochen werden und kein Tabuthema darstellen. Es braucht vielmehr einen Kindergarten, der die Krise, so wie der Schriftsteller Max Frisch[33] als einen „produktiven Zustand" ansieht und ihr „den Beigeschmack der Katastrophe" nimmt!

Auch unter Bildungsgesichtspunkten ist es erforderlich, den Konflikten ihren Raum zuzugestehen, denn aus diesen gehen Lernerfahrungen hervor, wie mit konfliktreichen Situationen umgegangen werden kann. In der Kindertagesstätte dürfen Kinder eigene Erfahrungen im Durchleben und Durchstehen von Konflikten machen, können Interessensunterschiede ausbalancieren, lernen, für die eigenen Interessen einzutreten, sich über Differenzen auszutauschen und sie auszuhandeln, können Sichtweisen und Positionen klären und dabei Schlüsselqualifikationen erwerben, wie eine realistische Selbsteinschätzung und Selbstwahrnehmung, Selbststeuerung, Problemlösungsfähigkeit und Entscheidungsfreude, Mut zum Risiko, Ausdauer, Explorationsbereitschaft, die Fähigkeit, Widersprüche zu ertragen (Ambiguitätstoleranz) und schließlich die immer wieder geforderte Konfliktbereitschaft und Konfliktfähigkeit.

---

[33] Zit. nach Faller/Faller 2002, S. 16.

3.2 „Vertragt euch wieder" – Wann sollten Erzieherinnen eingreifen?

Viele Erzieherinnen suchen vor allem in der Frage Sicherheit, *wann* sie in Konfliktsituationen eingreifen sollen. Hierfür gibt es allerdings keine eindeutige Vorgabe. Zu unterschiedlich sind die Situationen, mit denen sich Erzieherinnen im Alltag konfrontiert sehen. Versuchen Sie einmal, die Frage nach dem richtigen Zeitpunkt für die folgenden Situationen zu entscheiden. Es sind Momentaufnahmen aus dem Alltag, wie sie oft in der pädagogischen Praxis vorkommen:

- Ein sechsjähriger Junge wird von drei anderen Jungen geärgert, beschimpft und „verfolgt". Ein weiterer Sechsjähriger kommt hinzu und verteidigt den ersten. Er haut kräftig zu.
- Ein vierjähriges Mädchen, das allgemein als schüchtern gilt, wehrt sich zum ersten Mal gegen die Beschimpfungen und das beständige Necken anderer. Es rennt auf ein anderes Kind zu und schlägt ihm in den Bauch.
- Zwei sechsjährige Jungen spielen im Flur Fußball. Sie sind laut und begeistert. Dabei rennen sie zufällig einen vierjährigen Jungen um.
- Zwei sechsjährige Mädchen halten lachend einen fünfjährigen Jungen fest. Der tritt „wie wild" um sich, haut zu und schreit.

Wann würden Sie eingreifen? Durch die Beispiele wird schnell klar, dass es keine einfachen Rezepte geben kann.

Für den Einzelnen ist es schon schwierig, sich für angemessene pädagogische Vorgehensweisen zu entscheiden. Im Team werden diese Situationen erst recht zu ganz unterschiedlichen Antworten führen. Jeder Mensch hat sein eigenes Konfliktempfinden und reagiert auf Konflikte verschieden.

Im Team lässt sich dazu ein einfacher Versuch durchführen: „Ist ein heftiger Konflikt" auf der einen und „Ist eigentlich gar kein Konflikt" auf der anderen Seite. Dann werden die unterschiedlichsten Situationen erzählt und jeder nimmt einen Platz auf der Skala entsprechend der persönlichen Einschätzung ein.

Von außen betrachtet, also aus der Elternsicht, aus der Sicht eines Besuchers, eines Nachbarn oder Mitreisenden im Bus ist die Antwort häufig schnell und zu vereinfachend. Wenn es störend laut wird, die Kinder anfangen zu schlagen oder gegenseitige Beschimpfungen ausgetragen werden, erwarten sie den tatkräftigen Eingriff der Erzieherin. Nicht leicht ist es, in dieser Situation Zuschauern zu vermitteln, dass man Kindern eigene Konflikterfahrungen ermöglichen will. Warum also eingreifen?

Untersuchungen zeigen, dass Erzieherinnen entweder zu selten in Konflikte eingreifen oder sie abrupt beenden und sich dabei „lenkend-direktiv"[34] verhalten. Zwar galt nach eigenen Aussagen der Erzieherinnen ihr Hauptaugenmerk den konstruktiven Konfliktlösungen, dies spiegelte sich in ihrem Verhalten aber nicht wider. Weiterhin verhalten sich Erzieherinnen laut einer Studie von *Elfriede C. Neubauer* unterschiedlich, je nachdem, ob sie das Kind in ihrer subjektiven Wahrnehmung als „aggressiv" bzw. „sozial kompetent" einschätzen. Der Unterschied ist messbar: Ängstliche wie aggressive Kinder werden eher „reaktiv", sozial kompetente Kinder eher „proaktiv" behandelt.[35] Bei Kindern, die als aggressiv gelten, warten Erzieherinnen demnach länger ab – zumeist so lange, bis sie selbst die konfliktreiche Anspannung nicht mehr aushalten – und reagieren dann häufig „aus dem Bauch heraus".

Neubauer hat festgestellt, dass Erzieherinnen in diesem Fall viel schneller zu Strafen auf der einen Seite und „Nicht-Beachten" auf der anderen Seite neigen. Diese Duldung ist jedoch nicht so sehr als tolerante Haltung zu interpretieren, sondern vielmehr als starke Unsicherheit im Umgang mit einem Verhalten, das Probleme macht und deshalb stört.

---

[34] Neubauer 1986.
[35] Ebd. S. 271.

Auch angesichts der Tatsache, dass Kinder eher das weiter entwickeln, worauf sie Resonanz bekommen, muss gesagt werden, dass die geschilderte unterschiedliche Reaktionsweise „leider nicht die sozialen Defizite ausgleicht und kompensiert, sondern diese eher verfestigt."[36] Das, was die soziale Umwelt an ihnen nicht wahrnimmt, bewerten Menschen häufig als nicht zu ihnen gehörig und damit auch nicht wert genug, es weiter zu entwickeln.

Immerhin ist durch das regulierende Eingreifen – zumindest kurzzeitig – der Konflikt und die durch ihn ausgelöste Störung abgewendet. Für die Erzieherinnen und für den Moment auf jeden Fall, aber für die Kinder und auf lange Sicht gesehen? Wir hegen Zweifel daran, dass Konflikte auf diese Art und Weise auch für Erzieherinnen wirklich vom Tisch sind. Diese „Feuerwehrpädagogik", sich also ständig in Alarmbereitschaft zu befinden, zu löschen und wieder auf den nächsten Brand zu warten, zerrt nicht nur an den Nerven, sondern macht auch unzufrieden und lässt Menschen langfristig im wahrsten Sinne des Wortes „ausbrennen". Auch weil Konflikte auf diese Weise nicht wirklich zu Ende gebracht, geschweige denn gelöst werden können, kommt es immer wieder zu neuen „Bränden".

Der sehr oberflächliche und späte Blick auf die Störung, der viel zu kurz greifende Blick auf die Eskalation also, behindert letztendlich auch, dass Erzieherinnen sich auf das Davor und das Danach angemessen einlassen können. Eskalationen werden als kleine oder große Katastrophen erlebt. Weil die eigenen Gefühle dabei in starkem Maße mit beansprucht werden – häufig fühlt sich die Person selbst betroffen und einbezogen –, fällt eine notwendig betrachtende und reflektierende Distanz schwer. Selbst wenn man das Geschehen *vor* dem eigentlichen Konflikt beobachten könnte, würden schon da vor allem die Folgen sichtbar. So besteht die Gefahr, Gefangener der eigenen Erwartungen

---

[36] Ebd. S. 277.

zu werden. Jeder kennt die Bilder, die sofort vor dem inneren
Auge ablaufen: „Gleich passiert es wieder! Und dann muss ich
wieder eingreifen." Am Schluss bleibt das beunruhigende
Gefühl, dass sich immer wieder Schlimmes ereignen wird. Aushandlungen, Konflikte, Streitereien, auch verrauchende Wut-
ausbrüche usw. können dann gar nicht mehr als Auseinandersetzungen wahrgenommen werden, die Kinder in der
überwiegenden Mehrheit selbst lösen können.

Aktionismus ist aus unserer Sicht ebenso unangebracht wie
der ständig unterschwellig vorhandene Wunsch und die immer
wieder neuen Versuche, Konflikte am besten ganz zu vermeiden.
Beides führt in Sackgassen!

Damit ist auch klar: Nicht die Frage nach dem „Wann" ist die
eigentlich entscheidende, viel wichtiger ist die nach dem „Wie".
Obwohl das so ist, möchten wir dennoch eine Entscheidungshilfe und im Anschluss daran einen einfachen Drei-Schritt anbieten.

Wir sprechen hier vor allem von Konflikten und Aushandlungsprozessen, wissen aber sehr wohl, dass Konflikte oft mit
„Aggression" und „Gewalt" gleichgesetzt werden. Diese Ver-
mischung der Begriffe sollte unbedingt vermieden werden. Deshalb ist die folgende Abgrenzung zwischen Gewalt und Aggression ratsam.

- Gewalt ist das gezielte, oft auch berechnende und bewusste
  Überschreiten von Grenzen bei anderen. Gewalt ist Machtausübung über andere. Für den Kindergarten könnte man sagen: Gewalt ist im Spiel, wenn dem Konfliktpartner der eigene Handlungsspielraum teilweise oder ganz genommen
  wird. Körperlicher Einsatz alleine ist *kein* Kennzeichen von
  Gewalt. Gewalt kann einerseits als spontane emotionale
  Reaktion auf empfundene Unterlegenheit, Gefahr oder als
  Vergeltung für erlittenes Unrecht eingesetzt werden und andererseits als berechnendes Kalkül, um Machtansprüche
  durchzusetzen. Wir kennen aus dem Kindergarten kaum

Auseinandersetzungen, in denen Kinder dauerhaft von anderen in handlungsunfähige Situationen gebracht werden. Wenn es sie gibt, sind sie meist nur von sehr kurzer Dauer. Das Ziel, (dauerhaft) Macht ausüben zu wollen, sehen wir bei Kindergartenkindern überhaupt nicht. Als Kennzeichen, dass Gewalt im Spiel ist, kann folgende Beschreibung die Einordnung des Begriffes erleichtern. Eine Partei wünscht verbal („Hör auf!"), körperlich (Gestik, Mimik) oder handelnd (Flucht, Still halten …) das Ende der Auseinandersetzung. Die andere Partei übergeht diesen Wunsch und übt weiterhin Druck aus. Beides ist, nimmt man sich die Zeit, genau hinzusehen, den Kindern quasi ins Gesicht geschrieben.

- Aggression ist eine positive Lebensenergie. Aggressive Gefühle hat jeder! Aggressionshandlungen sind immer in kommunikative Zusammenhänge eingebettet und nicht einfach als persönliche Eigenschaft oder gar Fehlverhalten Einzelner zu betrachten und zu behandeln. Sie weisen auf momentane oder dauerhafte Beziehungsstörungen oder unbefriedigte Bedürfnisse hin. Der lateinische Begriff „aggredi" bedeutet: auf etwas zugehen, an etwas herangehen, etwas angreifen (auch im wörtlichen Sinn: anfassen). Aggression ist zunächst nichts anderes als aktives, zielgerichtetes und energisches Handeln. Aggression ist in vielen Konflikten einfach notwendig und darf nicht als unsoziales Verhalten diskriminiert werden. Manchmal ist sie angemessen, manchmal nicht, in jedem Fall aber sollte sie einer moralischen Verurteilung entzogen sein. Aggression schließt auch Körpereinsatz mit ein. In aggressiven Konflikten lassen sich die Konfliktpartner aber in der Regel gegenseitig genügend Handlungsspielraum – und sei es nur deshalb, weil sie es nicht anders können – um sich zu wehren bzw. die eigene Unversehrtheit im Prinzip zu wahren. Ein sicheres Zeichen für Aggression ist die Tatsache, dass *beide* Seiten die Auseinandersetzung und Konfrontation *wol-*

len, sich ihr stellen, ihr nicht ausweichen, manchmal sich sogar in ihr festfahren.

Die Schwierigkeit liegt darin, dass Momentaufnahmen kaum wirklich Auskunft geben, ob tatsächlich Gewalt im Spiel ist. Der Einsatz des Körpers allein ist jedenfalls kein Indiz für Gewalt.

Konflikt, Aggression und Gewalt dürfen demnach nicht miteinander verwechselt werden. Das Aushandeln von Interessensgegensätzen (Konflikt) kann durch einen aggressiven Streit erfolgen, bei dem es mitunter auch zu starken Auseinandersetzungen kommt und Gewalt eine Rolle spielt. Doch das ist nicht die Regel. Der offene Streit ist nur *eine* mögliche Form, Konflikte auszutragen (vgl. Kapitel 2). Hier die richtige Unterscheidung zu treffen, ist schon deshalb nicht leicht, weil die Vorgeschichten und das Ziel der Auseinandersetzung nicht immer bekannt sind. Weiterhin können die „unsichtbaren", auf den ersten Blick nicht wahrnehmbaren Aushandlungen immer wieder zu Überschneidungen führen: Aus einem Kampfspiel wird plötzlich ein Streit, der kurzzeitig gewaltsame Züge annehmen kann, an einer bestimmten Grenze aber stoppt, sich wieder klärt und als Kampfspiel fortgeführt wird. Dieses Hin-und-Her, dieses Ausprobieren und Austesten von eigenen und fremden Grenzen, ist für das Kindergartenalter typisch.

Als Anhaltspunkte um die Formen kämpferischer Auseinandersetzung besser zu unterscheiden, können die Gesichtsausdrücke der Kinder dienen. Während im Aggressionsfall meist *beide* Konfliktpartner einen angestrengten, verbissenen, ärgerlichen, wütenden Gesichtsausdruck haben, unterscheiden sich die Gesichtsausdrücke im Falle von Gewalt: Ein Kind möchte aus der Situation aussteigen und demonstriert das durch eindeutige Signale, das andere Kind versucht das zu verhindern, ebenfalls begleitet von eindeutiger Körpersprache. Im dritten Fall, dem Kampfspiel, huscht *beiden* immer wieder auch ein zugewandtes Lächeln über das Gesicht.

Ein deutlich begrenzender Eingriff von Erzieherinnen hat seine Berechtigung eigentlich nur im Fall von teilweise oder ganz entzogenem Handlungsspielraum, das heißt, im Kindergarten eher selten. Aggressive Gefühle und Handlungen müssen erlaubt sein. Sie können geregelt, besprochen und betrachtet, sollten aber grundsätzlich zugelassen werden. Für Kampfspiele gilt dies sowieso. „Jedes Kind hat … ein Recht darauf, laut zu sein, zu schreien, zu rennen und zu lärmen", meint Verena Sommerfeld.[37]

Natürlich hilft diese grobe Empfehlung in vielen Alltagssituationen nicht unmittelbar weiter. Sie kann aber helfen, das eigene Verhalten – und wenn auch nur im Nachhinein – besser einzuschätzen. Der Blick auf Körperhaltung, Gesichtsausdruck und Gestik lohnt sich allemal, um Anhaltspunkte für die eigene Reaktionsweise zu erhalten.

Jenseits dieser Grobempfehlung sind auch Situationen vorstellbar, in denen es angebracht ist, Präsenz oder Zuwendung zu zeigen und u. U. auch direkt zu intervenieren. Das ist z. B. dann der Fall, wenn Erzieherinnen von Kindern um Hilfe gebeten werden, nach eigener Beurteilung Gefahren drohen, wenn die Störung zu groß für alle oder für einige wird oder wenn die eigene momentane Befindlichkeit einfach zu spontanen Reaktionen führt.

Wie eingangs beschrieben, kann es nicht darum gehen, Rezepte für konfliktreiche Situationen zu verteilen. Eine gute Empfehlung ist allerdings der so genannte (ver)einfach(t)e Drei-Schritt:

1. Abwarten, solange wie möglich.
2. Eingreifen, wenn nötig.
3. Kontakt wieder herstellen.

Auf alle drei Schritte wird in den folgenden Kapiteln immer wieder Bezug genommen. Zusammenfassend bleibt festzuhalten:

---

[37] Sommerfeld u. a. 1999, S. 173.

Wenn Kinder sich in eine Situation bringen, in der ein Kind keinerlei Handlungsspielraum mehr hat, wenn die Gefahr besteht, dass sie sich körperlich oder seelisch verletzen und die Kinder den Konflikt alleine nicht mehr regeln können, dann müssen Erzieherinnen eingreifen und mit ihnen nach einem Ausweg suchen. Als erste Maßnahme müssen manchmal die streitenden Kinder voneinander getrennt werden. Es ist und bleibt aber nur der erste Schritt einer Intervention und darf nicht mit der Lösung des Konflikts verwechselt werden.

3.3 „Wer hat angefangen?" – Problematische Alltagsstrategien

Zwischen dem Wissen vom richtigen Umgang mit Konflikten und den spontanen Reaktionen liegen manchmal Welten. Das sehen auch Erzieherinnen so. Der Alltag in der Kindergruppe fordert in der Regel viel Spontaneität und es bleibt wenig Zeit zum reflektierenden Nachdenken. Erzieherinnen berichten immer wieder, dass sie sehr persönlich und spontan „aus dem Bauch heraus" reagieren. Das ist ganz natürlich, angesichts der hohen Komplexität des Geschehens. Zugleich ist es jedoch auch wichtig, die eigenen Alltagsstrategien kritisch zu betrachten und Verhaltensweisen objektiv zu sehen. In diesem Kapitel geht es darum, einmal typische und eingespielte Alltagsstrategien unter die Lupe zu nehmen. Auf keinen Fall sollen diese spontanen Reaktionen verurteilt werden. Es wäre utopisch zu glauben, dass diese unterdrückt werden könnten. Es geht vielmehr darum, sich unangemessener Alltagsstrategien bewusst zu werden. Problematische Alltagsstrategien von Erwachsenen „passieren einfach". Es sind Reaktionsweisen, die zum alltäglichen Repertoire im Umgang mit Konflikten auch außerhalb des Kindergartens gehören. Beruhigend ist es, dass sie nicht zum Abbruch von Beziehungen führen, wenn sie erkannt und reflektiert werden. Jede unangemessene Reaktion kann korrigiert werden. Immer gibt es den Weg erneuter Kontaktaufnahme auf anderer Grundlage. Aber nützlich ist es, die „typischen Fallen" zu kennen.

„Das könnt ihr auch alleine"

Nehmen wir an, ein Kind kommt und bittet Sie um Unterstützung. Im Bewegungsraum hat es eine Auseinandersetzung um die Matten gegeben. Die einen wollen Burgen bauen, die anderen wollen springen. Das Kind berichtet, dass Max schon weint. Ohne sich zuwendend auf das um Unterstützung bittende Kind einzulassen, entgegnet die Erzieherin: „Das könnt ihr auch alleine." Daraufhin dreht sie sich weg.

Natürlich ist es nicht erforderlich, auf jeden Hilfeaufruf sofort zu reagieren, zum Ort des Geschehens zu eilen und dort die Sache wohlwollend in die Hand zu nehmen. Problematisch an dieser Reaktion ist das Wegsehen, das Dem-Konflikt-Aus-Dem-Weg-Gehen. Die Gründe hierfür können vielseitig sein: Unsicherheit, Ärger darüber, schon wieder belästigt zu werden oder vielleicht erfordert eine andere Tätigkeit die volle Aufmerksamkeit und Konzentration.

Es geht um solche Verhaltensweisen, die das Kind alleine lassen, ohne genau nachgefragt zu haben, welche Art von Hilfe das Kind überhaupt bekommen möchte. Es geht also nicht um Situationen, in denen Erwachsene Kinder ermutigen, selbst nach Lösungen zu suchen, indem sie die Kinder interessiert und zugewandt unterstützen, statt sie mit dem Kommentar, dass es eigentlich überflüssig (und manchmal auch eine Zumutung) sei, um Hilfe zu bitten, zurückzuschicken.

„Wer hat angefangen?"

Einmal abgesehen davon, dass es sowieso niemals ganz heraus-
zubekommen ist, wer angefangen hat, stellt sich auch die Frage,
welchen Nutzen dieses Wissen hat. Hinter dieser Frage verbirgt
sich die Suche nach Schuld.

Konflikte entstehen immer in sozialen Kontexten, haben eine
Vorgeschichte und in der Regel sind immer mehrere daran beteiligt. Selten wird ein Konflikt ausschließlich von einer Person
ausgelöst. Fast immer gehen sie aus gewöhnlichen Spielabläufen
hervor, entstehen einfach, ohne dass sie jemand bewusst pro-
voziert.

Ausnahmen sind „Kinder mit besonderen Bedürfnissen", deren Verhalten aus Sicht der Erwachsenen Konflikte hervorruft.
Für die Kinder selbst macht ihr Handeln Sinn. Sie haben ihre
Gründe, auch wenn sie zunächst für Außenstehende verborgen
bleiben. Auch hier, wo es offensichtlich ist, wer angefangen hat,
hilft die Frage nach dem verursachenden Kind nicht weiter.

Häufig passiert es, dass ein Kind die eigenen Interessen verfolgt
hat und beim Austesten der gegenseitigen Grenzen zu weit gegangen ist, wodurch die Situation eskaliert. Vielleicht hat ein Kind
auch deshalb „angefangen", weil es zuallererst seine Bedürfnisse
geäußert hat. Es ist ebenso möglich, dass es bloß deshalb zum
Streit kommt, weil die Kinder ihre gegenseitigen Signale nicht verstehen.

Der Versuch, einen Schuldigen zu finden, wird in der Regel
dem tatsächlichen Geschehen und den Beteiligten nicht gerecht.

Hinzu kommt, dass die Frage moralisiert. Sie gibt fälschlicherweise vor, dass eine Person Schuld am Konflikt hat. Der
Begriff „Schuld" ist moralisch und wertend. Die Suche nach
dem Schuldigen suggeriert Vorsatz oder zumindest Nachlässig-
keit, so als hätten die Kinder die Wahl zwischen verschiedenen
Handlungsmöglichkeiten gehabt. Das ist allerdings sehr selten
der Fall. Konflikte entstehen und werden unter Kindern höchst

selten bewusst herbeigeführt. Kinder tragen deshalb keine moralische Schuld an ihren Konflikten. Sie verfügen oft über keine anderen Mittel, als die, welche Erwachsene nicht gerne sehen.

Wer nach Schuldigen für Konflikte sucht, macht damit auch deutlich, dass Konflikte *an sich* moralisch nicht zu rechtfertigen sind. Und schließlich hat diese Frage etwas Aushorchendes und fordert indirekt zum „Petzen" auf.

Besser ist es, den Blick auf die unterschiedlichen Interessen zu richten und zu überlegen, was getan werden kann, um einen Interessensausgleich herzustellen. Fragen wie *„Was wolltest du? Und du?"* oder *„Was können wir jetzt machen?"* sind hilfreich. Außerdem verschaffen sie beiden Seiten Gehör, denn es sind immer mindestens zwei Personen beteiligt, wenn nicht mehr. Gerade die Videobeobachtungen haben gezeigt, wie viel wir letztlich übersehen, weil Konflikte blitzschnell geschehen und meist nur wenige Minuten dauern. Auch das ist ein Grund dafür, die Sichtweisen *beider* Seiten herauszufinden.

„Warum hast du das gemacht?"

Ähnlich wie die Frage nach dem Auslöser des Streits, sucht auch die „Warum-Frage" nach Schuld und Schuldigen. Diese sind im Zusammenhang mit sozialem Verhalten auch von uns Erwachsenen schwer oder gar nicht zu beantworten. Es bedarf da erst genauerer Reflexionen, um sich der eigenen Beweggründe sicher zu sein. Spontan fällt einem selten eine Antwort ein, schon gar nicht, wenn die Frage drohend oder einschüchternd gestellt wird.

Wie die Frage nach den Anfängen von Konflikten, führt auch die „Warum-Frage" in die Vergangenheit, also weg von Lösungen, die jetzt im Moment hilfreich sein könnten. Eine mögliche Antwort auf die „Warum-Frage" bringt jedenfalls die Lösungssuche erst einmal keinen Schritt weiter.

In Mediationsverfahren (vgl. Kapitel 3.6) wird nach den Motiven der Beteiligten gesucht. Hier liegt jedoch eine völlig andere Situation vor: Alle nehmen freiwillig daran teil und die Schlichterin (eventuell die Erzieherin) nimmt nicht die Rolle einer Richterin ein, die festlegt, was gut und böse, richtig oder falsch ist. Sie hilft den Beteiligten, sich gegenseitig besser zu verstehen und aus diesem Verständnis heraus eigene Lösungen zu finden.

„Wehr dich doch mal"

Ganz besonders dann, wenn Erzieherinnen sich mit scheinbar Schwächeren identifizieren, kommt es vor, dass ihnen auch einmal ein „Wehr dich doch mal!" herausrutscht. Eigentlich denken sie es öfter als sie es aussprechen, das melden uns Erzieherinnen immer wieder in Fortbildungen zurück.

Die Aufforderung, sich zu wehren, ist grundsätzlich nicht falsch. Konfliktkultur kann sich auch darin ausdrücken, dass Erwachsene die Erlaubnis zum Streit explizit aussprechen: „Streitet euch ruhig weiter." – „Ich habe nichts dagegen, wenn ihr euch streitet." Selbst eine auffordernde und unterstützende Anteilnahme im Sinne von: „Los geht's, mal sehen, wer gewinnt" kann Entlastung bringen, weil sie beide Konfliktparteien stärkt.

Die gezielte Aufforderung an ein Kind ist eine einseitige Parteinahme. Sie richtet sich an das scheinbar unterlegene und schwächere Kind und wendet sich *gegen* das angeblich stärkere. Welches Ziel soll damit erreicht werden? Dass ich selbst nicht intervenieren muss? Dass der Stärkere in seine Schranken gewiesen wird? Dass der Schwächere stark wird?

Hinter der Aufforderung, sich zu wehren, liegt eigentlich der Wunsch, das Kräfteverhältnis zu verändern und sich dabei selbst so gut wie möglich herauszuhalten. Erwachsene delegieren die Verantwortung für die Lösung an das schwächere Kind. *„Wenn es sich doch nur wehren würde …"*

Wenn sich Kinder aber wehren *wollten*, würden sie das sicher auch tun! Die Aufforderung „Wehr dich doch mal!" trifft also ins Leere und fordert etwas von Kindern, das sie erstens nicht können und zweitens nicht wollen, in der Regel wüssten sie auch gar nicht, wie sie diesen Anspruch umsetzen sollen. Zudem handelt es sich hier, wie bei vielen unangemessenen Konfliktreaktionen, wieder um eine klare Schuldzuweisung. Der Stärkere ist schuld! Wieder gerät der Interessengegensatz, um den es eigentlich geht, aus dem Blick.

Anders stellt sich die Situation dar, wenn die Erzieherin – um Unterstützung gebeten – tröstend nachfragt und mit dem Kind gemeinsam nach Handlungsalternativen sucht, die es in der Situation gehabt hätte und vielleicht in Zukunft ausprobieren möchte. Ihre Haltung drückt in diesem Fall aus *„Du kannst dich auch wehren, wenn du dich streitest."* Sie gibt aber keinen Ratschlag, sondern unterstützte das Kind darin, selbst passende Formen zu finden.

Und zuletzt: Wieso meinen eigentlich Erwachsene immer, dass sie besser wüssten, was wann für ein Kind gut ist. Auch der Rückzug, das Aushalten oder die Flucht sind unter bestimmten Umständen durchaus adäquate Maßnahmen in bedrohlichen Situationen.

„Lasst den doch mitspielen"

Eine im Kindergartenalltag sehr häufig anzutreffende Situation ist die, dass Kinder andere aus ihrem Spiel ausschließen. Erzieherinnen spüren dann das Bedürfnis zu vermitteln, zu integrieren und zu harmonisieren.

Ein Beispiel: Drei Kinder, Luise, Manuel und Kai, bauen einen Turm. Eine Spielidee folgt der nächsten. Sie ergänzen sich, machen sich gegenseitig auf Schwächen im Bau auf-

merksam, legen immer wieder neue Ziele fest. Um den Turm
herum entsteht auf diese Weise eine ganze Geschichte, in der
die Kinder selbst Rollen übernehmen. Aus den Rollen heraus
ergeben sich neue Spiel- und Bauideen. Ein viertes Kind, Jonas, kommt hinzu und will mitspielen. Die drei Turmbauer
weisen ihn ab. Sie haben keinen Platz für ihn in ihrer Geschichte.

Er wendet sich daraufhin an die Erzieherin. Die übernimmt
die Aufforderung, das Problem zu lösen und fordert die
Turmbauer auf, Jonas mitspielen zu lassen, „wenigstens mal
kurz". Kai, Luise und Manuel gehen mehr oder weniger höf-
lich darauf ein. Jonas fühlt sich aber überhaupt nicht wohl.
Er wird geduldet, die Kinder versuchen sogar, ihn einzubeziehen. Doch es gelingt ihm nicht richtig, sich auf das bereits
begonnene Spiel einzulassen. Schließlich beschweren sich die
drei Turmbauer bei der Erzieherin, dass Jonas stört.

Wer hat hier Recht und wer ist im Unrecht? Was bewirkt die Aufforderung der Erzieherin? Sicher folgt sie einem verantwortungs-
bewussten Impuls. Sie möchte helfen. Was sie übersieht, ist die
Tatsache, dass Jonas im Spiel der drei anderen stört. Der Appell
jedenfalls reicht nicht aus. Die Erzieherin müsste zumindest die
Beteiligten nach ihren Interessen fragen und danach, was sie vielleicht schon ausprobiert haben, um das Problem zu lösen. Vielleicht sollte sie die Kinder auch um Lösungsvorschläge bitten.

Es könnte möglich sein, dass die drei vorschlagen, Jonas
könne „neben" ihnen etwas Eigenes bauen und dann zunächst
abwarten, oder sie könnten mit ihm über seine Rolle im Spiel
verhandeln usw.

Was die Erzieherin auf jeden Fall zulassen und auf keinen Fall
moralisierend verurteilen sollte, ist ein Scheitern der Verhandlungen. Dann könnte sie sich um Jonas kümmern, seine Gefühle
wahrnehmen, eventuell trösten und vielleicht mit ihm Alternativen überlegen.

Zugehörigkeit und Abgrenzung sind die zwei Seiten einer Medaille. Auch Freundschaften brauchen Zeit und Gelegenheit, gelebt werden zu können. Das setzt voraus, dass die Kinder auch „unter sich" bleiben dürfen. Es braucht eine Zeit, bis untereinander die Bedingungen für Freundschaft und Zusammengehörigkeit geklärt sind. Da kann es durchaus sein, dass Anforderungen „von außen" überfordern oder die vielleicht noch nicht wirklich gefestigte Beziehung gefährden. Abgrenzung ist auch deshalb notwendig, weil sich Kinder davor schützen müssen, zu vielen Erwartungen gleichzeitig zu entsprechen.

Und noch etwas: Disharmonie und Harmonie ergänzen sich. Disharmonie ist ein wichtiges Lernfeld! Ein Kindergarten, der mitten im Leben steht, geht nicht abwehrend, sondern gestaltend mit Disharmonien um.

„Auszeit" – „Hier kannst du mal nachdenken" – Kinder wieder „runter bringen" – „Festhalten"

In letzter Zeit macht ein neues Konfliktlösungs-Rezept[38] Furore: Triple P. Was sich da „Positives Eltern Programm" nennt, erinnert in weiten Teilen an „schwarze Pädagogik". Es handelt sich dabei um ein spezielles Verhaltenstraining, durch das „erwünschtes Verhalten" gestaffelt belohnt und „unerwünschtes Verhalten" ebenso fein abgestuft bestraft wird. Nach Interessen wird dabei nicht geforscht. Auch das subjektive Erleben wird nicht wahrgenommen und stattdessen Schuld und Fehlverhalten diagnostiziert. Als Ziel wird beispielsweise formuliert, ein Kind „als Streitverursacher auszumachen."[39]

Liegt ein „Problemverhalten"[40] vor, fordert Triple P Strafmaß-

---

[38] Vgl. Mähler 2003, S. 24 ff.
[39] Ebd. S. 27.
[40] Ebd.

nahmen wie das Wegnehmen eines Spiels, den „Stillen Stuhl", auf den sich das Kind „wenige Minuten" zu setzen hat oder die so genannte „Auszeit". Triple P spricht von „logischen Konsequenzen", die sich angeblich von Strafen unterscheiden. So etwa, wenn sich ein Kind auf einen „stillen Stuhl" setzen oder eine „Auszeit in einem uninteressanten Raum" nehmen muss, in dem es sich dann fünf Minuten aufzuhalten hat. Was aber soll es dort tun? Über sein Verhalten nachdenken? Sich schämen? Sich beruhigen? Jedes Kind hat subjektive Gründe für sein Handeln. Durch Isolierung des Kindes wird die gemeinsame Kommunikation darüber jedenfalls verhindert.

Auch wenn diese Maßnahmen im Triple P als „logische Konsequenzen" bezeichnet werden, handelt es sich eindeutig um Bestrafung. Die betreffende Person soll spüren, dass sie etwas falsch gemacht hat. Wirkliche Konsequenzen hingegen zielen auf Wiedergutmachung oder die Wiederherstellung des alten Zustandes oder beschränken sich auf die regelmäßig wiederholte eindeutige Aufforderung, etwas zu tun oder zu lassen. Strafen haben im Kindergarten nichts zu suchen. Eine so verstandene „Auszeit" erinnert an das alte *Stell dich in die Ecke und schäm' dich!"* Was sollen Kinder dabei lernen, außer dass es besser ist, sich zu beugen, wenn man nicht in die Ecke will? Konflikte werden auf diese Weise sicher nicht gelöst. Was geschieht, wenn das Kind nicht in der „Auszeit" oder auf dem „stillen Stuhl" bleibt? Noch härtere „logische Konsequenzen" anwenden?

Und wo bleibt die andere Seite? Kein Kind gerät nur mit sich selbst in Konflikt. Jede Konfliktsituation entsteht in einem konkreten Kontext und ist durch vielfältige Wechselwirkungen gekennzeichnet. Diese werden hier regelrecht ausgeblendet und der Konflikt wird auf das „Fehlverhalten" eines einzelnen Kindes reduziert.

Wir halten es für vollkommen verständlich, den Ort zu wechseln, wenn die Situation eskaliert. Sogar die Isolation kann *kurzzeitig* und *in besonderen Fällen* notwendig sein. Aber es kommt dabei auf die Botschaft an, die vermittelt wird. Es handelt sich sozusagen um die *letzte* Möglichkeit zur Schadensabwendung. Weil niemand *in der Situation* einen Ausweg kennt, auch die Erzieherin nicht (!), muss der Ort gewechselt werden. Fast nie geschieht dies freiwillig und meistens ist Zwang erforderlich. Deshalb erklärt die folgende Botschaft die schwierige Situation: *„Ich weiß mir im Moment nicht anders zu helfen. Sobald uns aber etwas Neues einfällt, bin ich jederzeit bereit, über andere Lösungen nachzudenken."*

Speziell in der Arbeit mit älteren Kindern, insbesondere im Hort, können Situationen eskalieren. Um Verletzungen der sich streitenden Kinder zu vermeiden, ist manchmal die Trennung und vorübergehende Isolierung eines Kindes unvermeidbare Konsequenz. Auch das Festhalten eines Kindes kann in seltenen Fällen und ausschließlich aus Schutzgründen manchmal notwendig sein. Beides aber übertritt Grenzen, setzt selbst auf Gewalt, indem es den Handlungsspielraum von Kindern einschränkt oder ganz nimmt. „Passiert" es trotzdem, ist von Erwachsenen später eine Entschuldigung angebracht.

Ansonsten sind solche Methoden jedoch grundsätzlich unangemessen. Sie beschämen, machen ohnmächtig, erniedrigen und gehören deshalb nicht in das Repertoire einer konfliktfreudigen Erzieherin.

„Du gehst da hin, du da hin" – „Jetzt geht ihr beide raus"

Strafmaßnahmen, wie sie bei Erwachsenen vorkommen, haben im Kindergarten nichts zu suchen, schon gar nicht im Zusammenhang mit Konflikten. Sie unterdrücken die Ursachen der Konflikte. Die Signale der Strafmaßnahmen lauten: Passt auf, sonst erwischt es euch! Wenn schon, dann verheimlicht, was ihr getan habt! Und zuletzt: Erzieherinnen über Konflikthintergründe zu informieren, wird von Kindern ziemlich schnell als Drohung und Machtmittel eingesetzt. Was Erwachsene auf diese Weise ernten, sind Rechtfertigungen, (Not-)Lügen und ängstliche Kinder.

Strafende Reaktionen schaffen kurzfristig Ruhe und verdeutlichen, wer „das Sagen" hat. Vielleicht führen solche Maßnahmen auch dazu, dass Kinder von sich aus merken, was ihnen droht. Möglicherweise machen sie sich in Konfliktsituationen gegenseitig darauf aufmerksam und disziplinieren sich selbst, weil sie befürchten, dass sonst alle Beteiligten das Spiel unterbrechen oder den Raum verlassen müssen.

„Entschuldige dich!"

Als Lösung für oder nach einem Konflikt bieten Erwachsene Kindern gerne das „Zauberwort Entschuldigung" an. Was für ein komplexer kognitiver und psychischer Vorgang mit dieser Aufforderung erbunden ist, ist Erwachsenen häufig nicht klar. Das Kind muss Motive, Reaktionen und Gefühle des anderen Kindes nachvollziehen können. Es muss zum Perspektivenwechsel fähig sein. Es muss sich der verletzten Gefühle des anderen bewusst werden und erkennen, dass es selbst – und zwar unabhängig von eigenen Absichten – Auslöser oder Verursacher dieser Gefühle ist. Weiterhin muss sich das Kind vorstellen können, was die eigene Entschuldigung beim Anderen bewirkt und schließlich auch einschätzen können, ob sich das andere Kind überhaupt darauf einlassen will und kann.

Jüngere Kinder sind hier meist überfordert und auch ältere Kindergartenkinder sind dazu nur bedingt in der Lage. Welche Wirkung hat demnach das so genannte Zauberwort? Es beruhigt die Erwachsenen und täuscht ein Ende des Konfliktes vor. Wie aber wirkt das Wort „Entschuldigung" auf Kinder? Sie lernen schnell, dass das Zauberwort ihnen hilft, die Erwachsenen zu beruhigen und ihren Ansprüchen zu genügen. Danach lässt sich vortrefflich weiter streiten.

Versöhnung braucht aber Zeit. Wer sich selbst schon einmal dazu durchringen musste, sich zu entschuldigen, weil er etwas falsch gemacht hat, weiß, wie schwer das auch uns Erwachsenen fällt und wie lange es dauert, bis der Entschluss zur Versöhnung gefasst wird.

Was auch bedacht werden sollte: Sich zu ent-schuldigen setzt voraus, dass jemand eine Schuld auf sich geladen hat. Sich zu entschuldigen bedeutet nämlich, die eigene Schuld dadurch abzulösen, indem der andere den ursprünglichen Status oder einen neuen akzeptiert. „Ich bitte um Entschuldigung", so lautet der ganze Satz, bittet den anderen darum, die eigene Schuld zu erlassen. Schließlich hat der Vorgang für *beide* Seiten bloß dann einen Wert, wenn er vollkommen freiwillig erfolgt. Ich kann eine Bitte um Entschuldigung nämlich nur dann wirklich annehmen, wenn ich meinerseits beim anderen ein echtes Bedauern spüre. Deshalb müssen Kinder mindestens gefragt werden, ob sie sich entschuldigen *wollen*.

Dabei ist es sinnvoll, Rituale zu finden, die Entschärfung, Verständigung und Versöhnung zum Ausdruck bringen, wie z. B. ein Abklatschen der Hände, ein „Friedenstuch", eine „kleine Versammlung", ein spezieller Ort, an dem Frieden geschlossen wird, oder eine andere symbolische Handlung. Oft braucht es dafür vor allem Zeit und eine wieder beruhigte Atmosphäre zwischen den Kontrahenten.

3.4 „Ich spüre, was du fühlst" – Welche Kompetenzen brauchen Erzieherinnen?

Damit Erzieherinnen bewusst und reflektiert mit Konflikten umgehen können, bedarf es einiger Schlüsselkompetenzen.

Zunächst ist ein klares Verständnis der professionellen Berufsrolle notwendig. Die Erzieherin sitzt bildlich gesprochen immer auf (mindestens) zwei Stühlen. Eine Auseinandersetzung unter Kindern kann sie persönlich ärgern und Versagens- und sogar Ohnmachtgefühle hervorrufen. Das ist der eine Stuhl. Hier sitzt die Erzieherin persönlich, mit ihrer individuellen Geschichte, ihrer eigenen Betroffenheit und ihren Gefühlen.

Gleichzeitig muss sie professionelle Distanz wahren und die Situation von außen betrachten können. Das ist der zweite Stuhl. Auf diesem Stuhl nimmt sie differenzierter wahr, was geschieht. Von hier aus kann sie sich dem Ereignis aus mehreren Perspektiven nähern, sich besser einfühlen und kommt auch zu anderen Bewertungen und Schlussfolgerungen. Dieses Bild kann in der konkreten Situation helfen: Sobald die Gefahr besteht, sich selbst in den Konflikt zu verstricken, ist es hilfreich, sich das Bild vom Perspektivenwechsel vorzustellen: Ich setzte mich auf den Stuhl, der die professionelle Distanz wahrt.

Die eigene Macht reflektieren

Zur professionellen Rolle gehört ein reflektiertes Verhältnis zur eigenen Macht. Das Wort „Macht" schreckt viele Erzieherinnen zunächst ab. In Fortbildungen fragen sie, „ob man nicht ein anderes Wort dafür benutzen" könne. Schließlich hätten sie den Beruf auch deshalb gewählt, weil sie sich einen Umgang mit Kindern fern von autoritärem Gehabe und Machtausübung wünschen. Das Problem dabei ist, dass die gewollte, aber in der Regel nicht reflektierte Distanzierung von Machtmissbrauch und undurchschaubaren Machtstrukturen zu einer Tabuisierung der vorhandenen Macht führt. Daraus folgt, dass eine neutrale Beziehung zur persönlichen Macht und ein bewusst gesteuerter Umgang erschwert wird.

Fehlt ein reflektiertes Verhältnis zur eigenen Macht, hat das für die Praxis Folgen. Erzieherinnen wollen nicht autoritär sein. Sie geben vor, ihre Macht nicht einsetzen oder ausspielen zu wollen. Gleichzeitig bangen sie um Autoritätsverlust. Es fällt ihnen schwer, sich der eigenen Rollen*vielfalt* und der *jeweiligen* Rolle bewusst zu sein. Sie befürchten, entweder zu weit zu gehen oder Autorität zu verlieren, und versuchen einen „Mittelweg" zu finden. Das bedeutet in der Praxis oft, beides nicht richtig zu tun, weder klar anweisend, noch wirklich abwartend zu handeln. Auf Kinder hat das eine verunsichernde Wirkung. Sie wissen dann nicht, welche Art von Hilfe oder Eingriff von der Erzieherin zu erwarten ist.

In der einen Situation klare, deutliche und auffordernde Anweisungen zu geben, in der anderen abzuwarten, hinzusehen, sich nicht einzumischen, aber dennoch unterstützend, tröstend oder schlichtend aktiv zu werden, erfordert viel Klarheit. In jeder dieser ganz unterschiedlichen Situationen ist eine andere Rolle gefragt. Dieselbe Erzieherin muss neben- und nacheinander beide Rollen beherrschen: Die anordnende und bestimmende sowie die zuhörende und abwartende. Sie tritt Kindern in *beiden* Rollen als *dieselbe* Erzieherin gegenüber. Damit können Kinder nur gut umgehen, wenn die Erzieherin beide Rollen beherrscht und sie nicht derart vermischt, dass sie sich schließlich auflösen. Oder was sollen Kinder mit Anweisungen anfangen wie etwa: „Würdet ihr bitte jetzt mal Ruhe geben?" Ist das eine Frage, eine Bitte oder eine Aufforderung? Und was genau sollen die Kinder tun?

Dass Erzieherinnen kein unbefangenes Verhältnis zu ihrer Macht besitzen, hat wahrscheinlich vielfältige Ursachen. Neben vielen individuell biografischen Gründen kann auch die weibliche Sozialisation eine Rolle spielen. Erzieherinnen müssen sich reflektierend mit der Tatsache auseinander setzen, dass sie einen Beruf gewählt haben, der sie täglich neu in eine Machtposition bringt. Das Machtverhältnis zwischen Erwachsenen und Kindern ist unauflösbar. Eine Reflexion des eigenen Umgangs damit hat in Supervision oder kollegialer Beratung ihren Platz.

Die Perspektive wechseln

Wer Konflikte angehen möchte, ohne sich einseitig auf seine Macht zu stützen, braucht eine zweite Kernfähigkeit: die des Perspektivenwechsels. Vielleicht ist dies *die* Schlüsselkompetenz im Umgang mit Konflikten überhaupt. Es handelt sich dabei um die Fähigkeit, dieselbe Situation mit den Augen eines anderen zu sehen und zu deuten. Man muss einen Tag lang die Mokassins des anderen getragen haben, um ihn zu verstehen, sagen die Indianer.

Beim Perspektivenwechsel übernehme ich einen Moment lang die Rolle des Kindes und lege die eigene für kurze Zeit ab. Dann betrachte ich den Konflikt aus seinem subjektiven Innenleben heraus. Das setzt Empathie, also Einfühlung, voraus, aber auch viele (nicht deutende, nicht bewertende) Beobachtungen und ein Erinnern an eigene Kindheitserlebnisse sowie die Haltung einer Lernerin. Perspektivenwechsel ist notwendig, um die eigene Sicht der Dinge relativieren und das subjektive Erleben der Kinder einbeziehen zu können. Im Ergebnis lässt sich immer wieder feststellen, dass *immer* nur ein Teil der Wirklichkeit sichtbar wird, wenn ich sie bloß mit eigenen Augen betrachte. Dementsprechend fehlerhaft können eigene Deutungen und Schlussfolgerungen sein.

Perspektivenwechsel verhindert Zuschreibungen und Eigenschaftszuweisungen. Erst der Perspektivenwechsel eröffnet dem Betrachter die subjektive Welt der Kinder und ein Gefühl dafür, dass ihr Handeln für sie selbst durchweg einen Sinn ergibt, unabhängig davon, wie *wir* es als Erwachsene erleben oder bewerten.

So hat z. B. die Tatsache, dass viele Erzieherinnen Konflikte als störend erleben, etwas mit der eigenen Wahrnehmung zu tun. Nehmen wir einmal an, zwei Kinder geraten in einen Streit über bunte Bausteine. Sie zerren, brüllen sich an, schlagen, kneifen und weinen schließlich. Die Erzieherin erlebt die Situation folgendermaßen: „Die Kinder sind viel zu laut. Das eigene Wort ist nicht mehr zu verstehen und das Brüllen und Weinen

ist nicht mehr auszuhalten. Gleich eskaliert der Streit wieder
und ich muss in die Situation eingreifen. Gerade hatte ich angefangen, mich auf ein Spiel zu konzentrieren."

Was sie wahrnimmt und erlebt, ist das, was sie stört. Es sind
gar nicht die Kinder selbst. Ihre Aufmerksamkeit ist ganz auf die
Störung gerichtet. Man könnte auch sagen, auf das, was *zwischen* ihr und den Kindern steht. Nicht die Kinder stören, sondern das, was sie tun, die Lautstärke, die ihre Verhandlungen be-
gleiten, die vermuteten Folgen, die ihre Auseinandersetzung
haben könnte. Der Blick entfernt sich von den Kindern. *Wer* es
ist, der stört, ist im Großen und Ganzen austauschbar. Von daher ist die Schlussfolgerung verständlich: „Der Streit muss jetzt
sofort aufhören, die Belästigung beseitigt werden." Folgerichtig
greift die Erzieherin in das Geschehen ein und unterbricht
schließlich den Aushandlungsprozess der Kinder. Besser ist es,
das Tempo der Intervention zu verringern, sich Zeit zu nehmen,
um die subjektiven Gründe der Kinder zu verstehen. Auf diese
Weise erfährt die Erzieherin, was die Kinder bewegt, was ihnen
wichtig ist, für welche Ziele sie eintreten – und mitunter sogar
kämpfen.

Das könnte (in die Erwachsenensprache übersetzt) etwa so
aussehen: „Ich wollte dir deinen Turm nicht kaputt machen. Ich
wollte bloß den einen Baustein nehmen. Dann ist es passiert. Den
Baustein wollte ich für meine Straße haben. Der passt da gut hin.
Ich will ihn dir auch gar nicht ganz wegnehmen. Ich weiß nicht,
wie ich dir das erklären soll und wusste auch nicht, dass du den
auch unbedingt brauchst." Und das andere Kind könnte vielleicht
sagen: „Ich habe dir doch gezeigt, dass ich den brauche. Hast du
das nicht gemerkt? Du hast das wohl gar nicht gehört. Jetzt ist der
Turm kaputt und ich bin sauer. Jetzt will ich den Baustein unbedingt wiederhaben. Ich lasse ihn mir nicht einfach wegnehmen.
Ich will wenigstens, dass du mich vorher fragst."

Vielleicht sind die Motive für den Aushandlungsprozess aber
auch ganz andere. „Ich muss jetzt mal mit dir klären, ob wir

wirklich Freundinnen sind." – „Ich brauche den schönen Baustein, weil ich so eine schöne Spielidee habe. Die Straße würde so gut zu deinem Turm und deinem Haus passen. Ich bin traurig, dass du darauf nicht eingehst."

Nimmt die Erzieherin anders wahr, gelingt es ihr, die Sachlage auch aus dem Blickwinkel der Kinder zu betrachten. Auf diese Weise kann sie sich dem Konflikt unbefangen zuwenden. Indem sie genau hinsieht und hinhört, auf Körpersprache achtet und Signale aufnimmt, kann sie besser mitfühlen, mitdenken und verstehen, worum es in dem Konflikt geht, und welche Lösung für die Beteiligten die beste sein könnte.

Daraus eröffnen sich neue Handlungsmöglichkeiten. Der Perspektivenwechsel lässt sich üben und muss in der Regel auch geübt werden. Das ist vor allem eine Teamangelegenheit. Statt „über die Kinder" zu sprechen, sollten sie selbst zu Wort kommen, etwa:
- in Form von Rollenspielen
- in Form eines echten Rollentausches: ein besonderer Stuhl steht dafür zur Verfügung. Wer sich darauf setzt, spricht aus der Perspektive des Kindes
- in Form eines inneren Perspektivenwechsels: Alle denken einmal nach, wie würden wir das, worüber wir sprechen, als betroffene Kinder beschreiben?
- in Form von nicht interpretierenden, nicht bewertenden, nicht deutenden Beobachtungen
- in Form von Video-Aufnahmen, die man immer wieder ansehen und schließlich verstehen kann.

Systemisch denken

Systemisches Denken ist neben der Reflexion der eigenen Machtposition und der Fähigkeit zum Perspektivenwechsel eine dritte Schlüsselqualifikation. „Systemisch" bedeutet, *„dass in der Kommunikation und der Arbeit mit Menschen, nicht nur der Ein-*

*zelne und seine Verhaltensweisen betrachtet werden, sondern die
Muster der Interaktion zwischen den Beteiligten."*[41] Wie kann
diese Definition konkret auf die Praxis übertragen werden?

Nehmen wir an, es kommt in der Rollenspielecke zwischen
fünf Kindern zum Streit. Worum es geht, wissen wir nicht,
auch nicht, wie sich der Konflikt entwickelt hat. Gewohnt, im
Ursache-Wirkung-Schema zu denken, beginnen wir, nach einer
Ursache zu suchen, und glauben, wenn wir die gefunden hätten,
eröffnete sich uns die Lösung. Also richtet sich der Blick auf den
augenfälligen Streitgegenstand: ein Kind möchte Mutter-Vater-
Kind *mit* Hund spielen, die anderen lieber *ohne* Hund. Wir versuchen eine Einigung herbeizuführen: „Versucht es doch einfach
einmal mit Hund."

Erwachsene sind es oft nicht gewohnt, in komplexen Zusammenhängen (Systemen) zu denken und danach zu fragen, etwa:
Wie wäre es für euch, wenn der Hund mitspielen würde? Mögt
ihr gar keinen Hund dabei oder nur einen bestimmten? Wie
wäre es für dich, etwas anderes als einen Hund zu spielen? Die
Kinder würden vielleicht antworten, dass die Familie in einer
kleinen Wohnung lebt, in der gar kein Platz für einen Hund
sei, weil der sich nämlich viel bewegen muss. Vielleicht würden
sie auch antworten, man müsse den Hund ja schließlich ständig
ausführen und das dürfte man nicht, weil man dann die Kinder
in der Bauecke störe. Vielleicht würden sie auch antworten, das
Kind könne ja mitspielen, aber der Hund gehöre nach draußen
und ihr Spiel sei drinnen.

Hinter all diesen Antworten stecken Erlebnisse, Erfahrungen,
Entsprechungen in der Wirklichkeit. Jede dieser Antworten hat
ihre Berechtigung und Folgerichtigkeit. Jede ist aus Sicht der
Kinder als positive Absicht zu begreifen.

Durch die Fragen an das einzelne Kind könnte die Erzieherin
vielleicht erfahren, dass es zu Hause einen Hund zu Besuch hat

---

[41] Faller/Faller 2002, S. 16.

oder aber dass es zu Besuch bei jemandem mit Hund war und sich nun selbst einen wünscht.

Außerdem spielt die Beziehung der Kinder untereinander eine Rolle: Wer hat zuerst abgelehnt, dass der Hund mitspielen darf? Darf man dem widersprechen, ohne das Spiel zu gefährden oder gar die Beziehung? Wie hat das Kind seinen Wunsch über das Einbeziehen des Hundes in sein Spiel formuliert? Wollte es vielleicht sogar bestimmen und geht es vielleicht gerade darum, wer hier was zu bestimmen hat?

Und schließlich wird auch die Erzieherin in dem Augenblick, in dem sie sich einschaltet, selbst Teil des Interaktions-Systems. Die Kinder handeln also nicht bloß *aus sich heraus*. Sie agieren *und* reagieren. *Jeder* Beteiligte bringt seine Sichtweisen, Interessen und auch Kommunikationsmuster ein und hat dadurch Einfluss auf alle anderen. Es könnte durchaus sein, dass die Erzieherin mit ihrem gut gemeinten Rat die Dynamik der Auseinandersetzung noch verstärkt. Vielleicht muss dieser Vorschlag deshalb sehr heftig zurückgewiesen werden, weil es gerade darum geht, wer hier eigentlich etwas vorschlagen darf.

Der Konflikt ist also vielschichtiger, als der erste Blick vermuten lässt. Und keinesfalls wäre die schnelle Lösung der Erzieherin der Komplexität der Situation angepasst. Systemisch zu denken bedeutet, über das Unmittelbare, den ersten Blick, das auf der Hand liegende hinauszugehen und nach Zusammenhängen zu suchen. Dabei steht fest, dass immer nur ein Teil des Ganzen sichtbar wird, niemals das Ganze selbst. Erst das systemische Nachforschen lässt weitere Teile erkennbar werden. Eine Grundaussage der systemischen Sichtweise lautet: *„Wir sehen nicht, dass wir nicht sehen, was wir nicht sehen."*[42]

Dabei können Erwachsene ihre Vor-Urteile und Vor-Annahmen als Hypothesen durchaus nutzen. Notwendig ist jedoch, dass

---

[42] Ebd. S. 17.

sie diese als Hypothesen vorbringen und sich dessen bewusst sind, dass es sich hier um *ihre* Sicht der Dinge handelt. Der Gedanke der Erzieherin, den Hund in das Spiel einzubeziehen, ist eine solche Vorannahme. Wenn sie nun das Ganze fragend formuliert, statt auffordernd, macht sie deutlich, dass es *ihre* Vorannahme ist und dass sie sich deshalb – wie jede Hypothese – auch als falsch erweisen kann. In diesem Falle würde sie fragen: *„Wie wäre es, wenn ihr es vorübergehend erst einmal mit Hund ausprobieren würdet?"* Die Kinder hätten dann die Möglichkeit, die Hypothese auf ihre Brauchbarkeit zu überprüfen. Sie werden sie ablehnen oder annehmen. Beide Spielvariationen wären selbstverständlich denkbar. Schließlich handelt es sich um das Spiel der Kinder und nicht um die Spielverwirklichung der Erzieherin.

Eine weitere Grundannahme der systemischen Sichtweise heißt, dass jedem Handeln von Menschen aus dessen subjektiver Sicht positive Absichten zugrunde liegen. Jeder hat immer gute Gründe für sein Handeln. Das bedeutet auch, er tut jederzeit das Beste, was er (momentan) kann. Deswegen verdient die eigene Handlung, ganz unabhängig von den Bewertungen anderer, grundsätzlich Wertschätzung und Würdigung. Menschen handeln immer – bewusst oder unbewusst – in Zusammenhängen und versuchen, die Komplexität um sie herum zu berücksichtigen. Sie versuchen stets, sich auch aufeinander zu beziehen. Das können sie nicht losgelöst von bestimmten Mustern und Rahmenbedingungen. Betrachter müssen sich deshalb auch für den Rahmen und die Interaktions-Muster interessieren.

Auf diesem Hintergrund fällt es schließlich leichter, auch bei der Lösungssuche systemisch zu denken: *„Um Veränderungen zu erreichen, ist es in der Regel nicht notwendig, den Versuch zu unternehmen, Menschen zu ändern. Es reicht oft und ist einfacher, Bedingungen, Bearbeitungsformen und das Zusammenspiel der Kommunikation zu ändern."*[43]

---

[43] Ebd.

Allparteilich sein

Die vierte Schlüsselkompetenz ist die Fähigkeit zur Allparteilichkeit. Die Unterstützung der Erzieherin besteht in vielen Kon-
fliktfällen darin, dass sie Gesprächsbegleiterin ist und die Kinder
darin unterstützt, eigene Lösungen zu finden. Das gelingt nur
gut, wenn sie gleichzeitig für jedes beteiligte Kind Partei ergreifen kann. Allparteilichkeit ist daher nicht mit Neutralität zu ver-
wechseln. Neutral ist jemand, der weder für noch gegen etwas ist
und in keiner Form in das Geschehen eingreift. Die allparteiliche Erzieherin hingegen ist aktiv, zugewandt und präsent. Sie
lässt nacheinander *jedes* beteiligte Kind ihre Zuneigung, ihr Verständnis und ihre Unterstützung spüren. Sie bringt jeder Sichtweise Verständnis entgegen und würdigt sie als aus dem jeweiligen Blickwinkel berechtigt.

Die allparteiliche Erzieherin könnte, kommen wir noch einmal auf das Beispiel mit dem Hund zurück, wie folgt reagieren:
Sie teilt sowohl die ablehnende Haltung der Kinder, die keinen
Hund dabei haben wollen, kann aber gleichermaßen den
Wunsch nachvollziehen, den Hund in das Spiel mit einzubeziehen. Sie kann abwechselnd beide Seiten in ihren unterschiedlichen Haltungen tragen und unterstützen. Sie kann das auch *beiden* Parteien direkt sagen oder in anderer Weise zum Ausdruck
bringen. Sie selbst entwickelt keine eigene Position.

Eine in Streitfällen allparteiliche Erzieherin muss Widersprüche aushalten, weil beide Sichtweisen ihre Berechtigung haben.
Sie muss die verschiedenen Standpunkte zumindest eine Zeit
lang stehen lassen. Sie darf keine Unterschiede ausblenden oder
verändern. Sie darf weder harmonisieren noch nach Lösungen
suchen, die nur einer Seite weiterhelfen. Sie ist in vielen Situationen Anwältin und Gesprächsbegleiterin für beide Seiten.
Erst wenn es gelingt, die Sichtweisen jedes beteiligten Kindes
einzunehmen, gelingt es, die Kinder darin zu unterstützen, eigene Lösungen zu finden.

Widersprüche aushalten

Die fünfte wichtige Kompetenz ist die Ambiguitätstoleranz. Hierbei handelt es sich um die Fähigkeit, Gegensätze, Widersprüche und Doppeldeutigkeiten auszuhalten und nicht sofort auflösen zu wollen. Ambiguitätstoleranz entwickelt sich allein durch die *Erfahrung,* dass Widersprüchliches und Gegensätzliches nicht in Katastrophen münden müssen, sondern zuweilen gut nebeneinanderher existieren, ja sich sogar gegenseitig anregen können. Auch das ist ein Plädoyer für längeres Abwarten, Hinsehen, Wahrnehmen.

Wie schnell passiert es, dass Erwachsene dem Impuls nachgeben, zu helfen, zu regeln oder einzugreifen? In Sekundenbruchteilen passiert das Folgende: Sie sehen oder hören etwas, wählen aus, was Sie davon bewusst wahrnehmen, interpretieren, bewerten, schlussfolgern und handeln schließlich. In rasender Geschwindigkeit steigen sie die *„Leiter der Schlussfolgerungen"*[44] hoch. Das folgende Beispiel veranschaulicht dieses.

> Pascal (5) und Clara (3) streiten sich. Beide zerren an einem Puppenwagen. Beide haben einen angestrengten und wütenden Gesichtsausdruck. Pascal schreit Clara zornig und recht laut an: „Das ist Meiner! Da muss mein Transformer rein! Der muss jetzt schlafen! Der hat die ganze Zeit gekämpft. Der war da vorhin schon drin. Geh weg, du! Da kommen jetzt keine Puppen rein! Das ist ein Transformer-Raumschiff." Clara schweigt, zerrt aber weiter am Puppenwagen. Pascal wird immer wütender, zerrt immer fester. Clara hält dagegen, schweigt aber weiter. Da lässt Pascal mit einem Ruck plötzlich los. Clara stürzt samt Puppenwagen nach vorne, fällt hin und beginnt heftig zu weinen.
> Die Erzieherin hat all das gesehen. Was nimmt sie wahr? Sie nimmt wahr, dass beide am Wagen zerren, dass Pascal größer

---

[44] Hartkemeyer u. a. 1999, S. 86 ff.

und stärker ist, Clara aber nicht nachgibt, dass Pascal plötzlich loslässt, Clara hinfällt und weint.

Auf der Grundlage ihrer persönlichen (unbewussten) Auswahl von Ereignissen, die sie im Übrigen für die ganze Wirklichkeit hält, beginnt sie nun zu interpretieren: Clara *wehrt* sich, Pascal will sie nicht mitspielen lassen, Pascal merkt *„offensichtlich"* gar nicht, welche Beweggründe Clara für ihr Spiel hat. Pascal lässt los, obwohl er *„genau weiß"*, dass Clara dann hinfällt.

Das wird jetzt folgendermaßen bewertet: Pascal ist der Ältere, dazu noch Junge, typisch, dass der nicht loslässt! Der könnte Clara wirklich mal mitspielen lassen! Die kommt nie an den Puppenwagen. *„Immer"* besetzen die Jungen den Wagen mit ihren blöden Transformer-Spielen. Die Kleinen haben *„nie"* eine Chance. Pascal ist Schuld, dass Clara weint!

Die Schlussfolgerungen lauten demzufolge: Eingreifen und Pascal zurechtweisen, ihm klarmachen, dass Clara *„auch mal"* den Puppenwagen möchte und er den Wagen nie wieder so plötzlich loslassen soll.

Schließlich handelt unsere imaginäre Erzieherin, wendet sich Pascal zu und schimpft ihn aus: *„Siehst du nicht, was du wieder gemacht hast. Jetzt weint die Clara! Gib ihr jetzt mal den Puppenwagen!"*

Bei genauer Betrachtung der Situation fällt Folgendes auf: Die Erzieherin blendet zunächst einmal aus, was Pascal über sein Spiel mitteilt, dass er seinen (schrecklichen) Transformer wie eine Puppe behandelt und ihn schlafen legt. Dass er das Puppenbett dabei zum Raumschiff macht, ist klar, weil Transformer eben nicht in Puppenbetten schlafen. Sie nimmt nicht wahr, dass Clara die ganze Zeit über schweigt, sich also auf kein Gesprächsangebot Pascals einlässt. Sie blendet ebenfalls aus, dass Pascal *zuerst* loslässt.

Das lässt sich auch so interpretieren: Clara verweigert sich einer Klärung. Sie zerrt einfach weiter. Pascal ist hilflos und weiß nicht, wie er mit Clara weiterkommen kann. Obwohl er so viel erklärt, verändert sich nichts. Was Clara mit dem Puppenbett spielen will, wissen wir nicht, einen Transformer hat sie aber nicht. Es wird also für Pascal nicht einfach, sie „mitspielen" zu lassen. Dass Pascal zuerst loslässt, könnte auch als Nachgeben interpretiert werden.

Die Bewertungen und Schlussfolgerungen sehen jetzt sicher anders aus als oben beschrieben. Vielleicht müsste jetzt Pascal vor dem Übergriff durch Clara geschützt werden. Vielleicht bräuchte er Unterstützung bei der Frage, wie man mit „kleinen Kindern" reden kann?

Die Vorgeschichte ist nicht bekannt, und deshalb weiß die Erzieherin wenig darüber, in welches komplexe Geschehen die kurze Szene eingebettet ist. Es ist also sinnvoll, die generelle Unzulänglichkeit schneller Interpretationen, Bewertungen und Schlussfolgerungen anzuerkennen, das Wahrnehmungsverhalten auf beide Parteien zu richten und entsprechend zu handeln.

Kaum jemand kann sich davor schützen, die „Leiter der Schlussfolgerungen" sehr schnell nach oben zu steigen. Das passiert im oft hektischen Alltag immer wieder. Ist die Betrachterin schon auf dem Weg nach oben, kann sie wieder heruntersteigen und von Neuem den Blick auf das Geschehen richten. Besser ist es allerdings, von Anfang an abzuwarten, genauer hinzusehen und differenzierter wahrzunehmen.

Wir würden dieses Abwarten nicht als Passivität beschreiben. Es ist vielmehr beobachtendes Dabei-Sein, Anteil nehmen am Geschehen, Aufmerksamkeit schenken und interessiert sein. Diese Vorgehensweise ist in höchstem Maße aktiv! Von der Beobachterin ist volle Konzentration gefordert, sie hält alle Sinne aufnahmebereit und wechselt häufig die Perspektive, um verschiedene Sichtweisen in die Beobachtung einzubeziehen. Auch das Gegensteuern gegenüber vorschnell herbeigeführten erwachsenenbezogenen Lösungen ist ein aktiver Prozess. Daher sprechen wir von *aktiver Zurückhaltung*.

Wir meinen: *„das Wichtigste, was Erzieherinnen den Kindern anbieten können, ist, ihre Situation ernstzunehmen. Wie die Kinder ‚ihre‘ Konfliktsituation erleben, welchen Sinn ihre Verhaltensweisen aus ihrer Sicht machen, das gilt es zu verstehen.“*[45]

Wie soll sich die Erzieherin im vorangestellten Beispiel verhalten, wenn sie um Hilfe gebeten wird, beispielsweise von der kleinen Clara, die weinend angelaufen kommt und erklärt: *„Der Pascal hat mir weh getan.“*

Zunächst sind natürlich Trost und Zuwendung wichtig. Sie hat sich weh getan und sucht jemanden zum Anlehnen. Diesen Trost muss sie bekommen. Aber schon hier muss die Erzieherin aufpassen, dass sie sich nicht plötzlich wieder auf der obersten Stufe der Leiter der Schlussfolgerungen befindet. Sie kann Clara trösten, indem sie sich auf ihren Schmerz bezieht und mit ihr über ihre Gefühle spricht. Sie könnte aber auch trösten, indem sie gleichzeitig Pascal angreift: *„Was hat der Pascal da wieder mit dir gemacht? Komm, wir gehen hin und sagen ihm das.“* Am Ende wird Pascal vielleicht sogar zu einer Entschuldigung gedrängt. Clara braucht Teilnahme und Fürsorge, sonst nichts. Bevor die Erzieherin die Situation unter Umständen selbst regelt, muss sie abwarten, und den Kindern Gelegenheit geben, ihr deutlich zu machen, welche Art von Hilfe sie sich wünschen.

Dieser Puffer zwischen Wahrnehmen und Handeln ist enorm wichtig! Die Erzieherin braucht eine *fragende Grundhaltung*. Sie muss von Beginn an davon ausgehen, dass sie nur einen Teil der Wirklichkeit wahrnimmt. Sie muss von Anfang an wissen, dass ihre Interpretationen, Bewertungen und Schlussfolgerungen eben nur ihre sind, ihrer eigenen Sichtweise entspringen. Mit einer fragenden Grundhaltung wird sie die eigene Unzulänglichkeit erkennen und Kinder als Experten für ihr Erleben wahrnehmen können. Sie wird Fragen stellen, um zumindest teilweise der Komplexität des Geschehens gerecht zu werden.

---

[45] Dörfler u. a.2002, Teil A 5, S. 17.

Dann muss nicht mehr gleich etwas geregelt werden. Dann wird es wichtiger sein, den Betroffenen selbst Gehör zu verschaffen, sei es, dass die Erzieherin sie agieren lässt und darüber etwas über ihre Absichten und ihr Erleben erfährt, sei es, dass sie sich mit Fragen in das Geschehen einbringt.

Fragen werden nicht immer ausgesprochen. Sie können auch im genauen, reflektierenden Hinsehen zum Ausdruck kommen. Sie finden nonverbale Formen in Blicken, Gesten, Körperhaltungen. Sie können spiegelnd und als fragende Hypothese gestellt werden. Fragen kommen aber nur auf und finden Raum, wenn keine vorschnellen Schlussfolgerungen gezogen und pädagogische Maßnahmen eingeleitet werden.

Zusammenfassend lässt sich feststellen, dass aktive Zurückhaltung darauf abzielt, die Situation aus den Blickwinkeln der Kinder heraus zu verstehen und die Gefühle und Empfindungen der Kinder ernst zu nehmen, sich also auf die Gegenwart zu beziehen. Nicht die Suche nach Ursachen und Schuld darf im Vordergrund stehen, nicht die Frage, wer angefangen hat. Vielmehr ist das Erleben der momentanen Situation für den Aushandlungsprozess entscheidend.

3.5 „Was soll ich für euch tun?" – Kinder in ihren Konflikten unterstützen

Fast jede Konzeption eines Kindergartens enthält die Zielformulierung: „Kinder sollen lernen, ihre Konflikte selbst zu lösen." Einmal abgesehen davon, dass dies Kinder – unbeachtet von Erwachsenen – längst tun[46], wird so gut wie nie beschrieben, *wie* Erwachsene sie dabei *unterstützen* sollen.

Häufig können wir beobachten, dass Kinder, die bei Erwachsenen Hilfe suchen, abgewiesen werden. So wird die Er-

---

[46] Vgl. dazu Kapitel 2.1.

zieherin dem Anliegen, Kinder darin zu unterstützen, ihre Konflikte in die eigene Hand zu nehmen, nicht gerecht. Hier werden Kinder zurückgewiesen und alleine gelassen. Können die Kinder ihre Konfliktsituation nicht alleine regeln, kommt bei Erzieherinnen Enttäuschung auf und der Ärger darüber wächst. Die Vermutung, Kinder müssten erst lernen, ihre Konflikte selbst zu lösen, bestätigt sich damit. Dass sich Kinder *nur* in den Situationen an die Erzieherin wenden, in denen sie selbst nicht weiterwissen, wird dabei leicht übersehen.

Natürlich besteht bei Kindern auch eine Wechselbeziehung zwischen zu häufiger Intervention durch Erwachsene und mangelndem Zutrauen in die eigenen Fähigkeiten.

Eine angemessene Unterstützung in Konfliktsituationen sind zunächst eine *niederschwellige Intervention*. Niederschwellige Interventionen sind solche, bei denen Erwachsene nicht, zumindest nicht alleine, für eine Lösung verantwortlich sind. Das aber interpretieren Erzieherinnen meist als ihren Auftrag, wenn Kinder zu ihnen kommen und um Hilfe bitten. Was sie fühlen, lautet dann so: *„Du musst jetzt dafür sorgen, dass dem Kind Gerechtigkeit widerfährt. Du musst dir etwas einfallen lassen.“*

Dabei geht Entscheidendes schief. Eine Erzieherin, die *alleine* bei sich die Verantwortung für Gerechtigkeit sieht, kann sich nur noch schwer auf das Kind und sein Anliegen konzentrieren. Sie ist zu sehr mit ihren eigenen Überlegungen beschäftigt und mit den damit einhergehenden Gefühlen.

Ihre Rolle ist vielmehr die einer Unterstützerin und Übersetzerin kindlicher Interessen. Dabei sollte sie berücksichtigen, dass das um Unterstützung suchende Kind selbst formulieren kann, welche Art Hilfe es möchte.

Meistens wird die Erzieherin Erstaunliches erleben, wenn sie nachfragt: *„Was soll ich für dich tun?“* Fast immer können Kinder auf eine solche offene und vorwurfsfreie Frage ziemlich genau antworten, was sie eigentlich erwarten. Manchmal reicht es aus, dass sie erzählen dürfen, was ihnen widerfahren ist. Die Frage: „*Möchtest du mir nur erzählen, was passiert ist?*" beantworten Kinder immer wieder mit „*Ja*".

Allerdings darf in keiner dieser Fragen ein (genervter) Vorwurf versteckt sein. Sie sollen zugewandt, interessiert, erkundend, mitfühlend gestellt werden.

Die einfachste Form, nicht mit eigenen Gedanken, Lösungen, Interpretationen vorauszueilen und dabei sich selbst und dem Kind Zeit zu lassen, ist das *fragende, klärende Spiegeln*. Hier wiederholt die Erzieherin was sie gehört hat mit eigenen Worten oder exakt mit denen des Kindes, neugierig interessiert und abwartend. Konkret könnte das etwa so aussehen:

Dennis: „Der Ertan hat mir das Auto weggenommen." Erzieherin: „Der hat dir das Auto weggenommen?" Dennis: „Ja, der hat nicht mal gefragt." Erzieherin: „Der hat das Auto weggenommen und nicht einmal gefragt, ob du es ihm geben willst?" Dennis: „Ja, da habe ich mir das Auto zurückgeholt. Ich brauche das für meine Straße." Erzieherin: „Für deine Straße brauchst du es? Deshalb hast du es dir zurückgeholt? Und was ist dann geschehen?" Dennis: „Dann hat der Ertan es wiedergeholt. Dann haben wir uns gehauen, dann hat der Ertan mir weh getan." Erzieherin: „Ihr habt euch gehauen und dabei hat dir Ertan weh getan. Mhm, was wollen wir jetzt machen?" Dennis: „Der Ertan soll mir das Auto wiedergeben!"

Spiegelnd, nur ganz vorsichtig mit eigenen Hypothesen vermischt, hat die Erzieherin es Dennis ermöglicht, seine Geschichte zu erzählen. Gleichzeitig hat sie immer wieder signalisiert: Ich höre zu, ich bin da, ich bin verfügbar. Schließlich hat sie erfahren, dass es Dennis überhaupt nicht darum geht, dass Ertan ihm weh getan hat. Da genügte ein wenig Trost. Dennis sucht vielmehr nach Lösungen für den Streit um das Auto. Hier könnten nun gemeinsame Überlegungen einsetzen, was zu tun ist, um zu einer Regelung zu kommen. Die Erzieherin ist in solchen Situationen zunächst nur als gute Zuhörerin gefragt, die versteht und Resonanz gibt.

Es könnte nun sein, dass sich Dennis die Unterstützung der Erzieherin für die anstehende direkte Konfrontation mit Ertan wünscht. *„Du sollst mitgehen"*, sagt er. Jetzt ändert sich ihre Rolle. Nun wird sie Gesprächsvermittlerin und damit auch „Ermöglicherin". Sie ermöglicht beiden Kindern, ihre Angelegenheit selbst auszuhandeln und dabei ihre jeweiligen Interessen einzubringen. Die Aufgabe einer Gesprächsvermittlerin besteht darin, den Kindern Möglichkeiten anzubieten, wieder zu kommunizieren und sich über die Interessensdivergenzen erneut austauschen zu können. Sie muss also nach Wegen suchen, wie die Kinder wieder ins Gespräch kommen.

Das kann so aussehen, dass sie mitgeht und zu Ertan sagt: *„Du, Ertan, ich soll dir vom Dennis sagen, dass er das Auto gerne wieder hätte. Er braucht es für eine Straße."* Vielleicht antwortet Ertan: *„Ich brauche das Auto aber auch und der Dennis hat es schon ganz lange gehabt."* Nun kann die Erzieherin Ertan spiegeln, um seine Sichtweise zu erfahren. Sie kann auch fragen: *„Ertan, magst du erzählen, was du mit dem Auto wolltest?"* Schließlich kann sie sich wieder an Dennis wenden und ihm noch einmal Ertans Anliegen wiederholen.

In der Regel wird es so ein, dass beide die gleiche Situation ganz unterschiedlich erlebt haben und bewerten. Statt nun zu richten oder gar Schuld zuzusprechen, muss die Erzieherin jetzt versuchen, *beide* Sichtweisen zu entschlüsseln. Zusätzlich muss sie allparteilich sein. Sie versucht also, beide Sichtweisen als Teil der Wirklichkeit zu respektieren, anzuerkennen und dies auch zum Ausdruck zu bringen. Damit belässt sie die Regie für das, was mit den Interessen der Kinder geschieht, bei ihnen selbst. Die Kinder bleiben weiter in einer aktiven Rolle.

Was sich dabei entwickelt, ist ein Verständnis für das jeweils andere Interesse – ein sehr interessanter Vorgang für Ertan, der z. B. gar nicht wusste, dass Dennis das Auto für seine Straße brauchte.

Dennis hingegen erfährt, dass Ertan dachte, das Auto wäre frei und sich darüber ärgerte, dass Dennis es ihm weggenommen hat.

Wenn beide schließlich schildern konnten, was sie erlebt haben, die Interessen geklärt sind, und vielleicht auch etwas von ihren Gefühlen dabei sichtbar geworden ist, kann die Erzieherin an *beide* die Frage richten: *„Habt ihr eine Idee, was ihr jetzt machen könntet?"* Nun beginnen die Kinder mit der Lösungssuche. Dabei hilft die Erzieherin weiterhin spiegelnd, fragend, zusammenfassend und auch ein wenig Ideen gebend.

Gut wäre es, wenn es gelänge, eine *„win-win"*-Lösung zu finden. *„Win-win"* bedeutet, dass dafür gesorgt wird, dass jeder etwas bekommt, anders als beim Kompromiss, wo jeder etwas abgibt. Selbst wenn eine Lösung scheinbar gefunden ist, sollte die Erzieherin entsprechend nachfragen und sich vergewissern, dass wirklich beide Seiten etwas bekommen haben.

Wir sprechen hier von Mediation im weitesten Sinne. Mediation ist ein bestimmtes, klar strukturiertes Verfahren, mit dessen Hilfe den Streitparteien geholfen wird, wieder miteinander zu kommunizieren und eigene Lösungen für ihre Konfliktangelegenheiten zu finden.[47] Dieser vor allem auf verbale Kompetenzen beruhende Ablauf ist unserer Ansicht nach nur bedingt im Kindergarten einsetzbar (vgl. Kapitel 3.7). Die Grundhaltung, die dahinter steht und das Gesprächsverhalten, sind allerdings gute Hilfen für den alltäglichen Umgang Erwachsener mit den Konflikten von Kindern.

Und wenn Kinder doch einen Richterspruch verlangen? In diesem Fall sollte sich die Erzieherin ein Zeitpuffer verschaffen: *„Lasst mich erst einmal überlegen. Ich werde euch sagen, was ich denke, aber nicht sofort."* Der Zeitpuffer hilft allen, zu verschnaufen, noch einmal nachzudenken, vielleicht auch noch einmal nachzufragen. In der Zwischenzeit regeln Kinder häufig ihren Konflikt bereits selbst. Die „Pause" hat ihnen dabei sicherlich geholfen.

---

[47] Vgl. v. a. Faller/Faller 2002.

3.6 „Ich möchte, dass ihr aufhört" – Wertschätzend begrenzen

Manchmal müssen Erzieherinnen in Situationen eingreifen, Kinder beschützen oder Konflikte regulieren. Die Schwelle des Eingreifens ist jedoch unterschiedlich. Einige halten es länger aus, andere kürzer. Ein *Aushalten* ist es fast immer. Es kommt selten vor, dass Erwachsene mit Gelassenheit Konflikten begegnet.

Wie sehr Konflikte Erzieherinnen belasten, kommt deutlich zum Ausdruck, wenn sie den Zeitpunkt, von dem an sie intervenieren, als „Schmerzgrenze"[48] bezeichnen. *„Bis die Schmerzgrenze erreicht"* ist, so lange halten sie aus. *„Ob Erzieherinnen einen Konflikt unter Kindern als besonders belastend empfinden, ist nicht nur abhängig vom objektiven Geschehen, sondern auch von der subjektiven Wahrnehmung und ihrer Einschätzung der Situation und der daran beteiligten Kindern."*[49] Interviews mit Erzieherinnen veranschaulichen, wann die so genannte Schmerzgrenze erreicht ist.

In den Befragungen werden vor allem die folgenden Situationen genannt:
- wenn Kinder einander weh tun
- wenn Kinder einander seelisch quälen
- wenn sich Kinder entziehen
- wenn sich Kinder in Konflikte anderer einmischen
- wenn persönliche Gefühle angesprochen werden

Klärende, regelnde und beschützende Eingriffe von Erzieherinnen sind nicht nur nützlich, sie sind auch Bestandteil der Fürsorgepflicht. Erzieherinnen sollten sich bei der individuellen Entscheidung, wann sie aus Gründen der Fürsorge- und Aufsichtspflicht intervenieren, von ihrer persönlichen „Schmerz-

---

[48] Ebd. S. 22.
[49] Ebd.

grenze" leiten lassen. Sie zu übergehen würde bedeuten, die Erzieherin handelt nich entsprechend der eigenen Situationsbeurteilung. Das bedeutet aber auch, dass nicht alle Erzieherinnen zur gleichen Einschätzung kommen und daher verschieden handeln. Im Team sollte Einverständnis herrschen, dass jede Kollegin in eigener Verantwortung handeln muss und das Eingreifen in Situationen selbst abschätzen kann. Aufsichtführung bedeutet hier: persönliche Verantwortung zu übernehmen und sich nicht auf Regeln oder Teammehrheiten zu berufen. Dennoch muss auch reflektiert werden, *wie* interveniert wird.

Intervention beginnt in dem Augenblick, in dem sich die Erzieherin einem Konflikt unter Kindern zuwendet. Das wird von Erzieherinnen selbst häufig noch nicht als Einmischung definiert. Ihre Aufmerksamkeit und Zuwendung werden aber durchaus von Kindern registriert. Sie muss noch nicht einmal etwas gesagt haben, schon spüren die Kinder die Anwesenheit der Erzieherin. Ausgestattet mit der Macht, in den Konflikt einzugreifen, Partei zu beziehen oder Schuld zuzuweisen, nimmt sie bereits durch ihre interessierte Anwesenheit Einfluss auf das Geschehen. Dessen müssen sich Erzieherinnen bewusst sein.

Deshalb ist hier ein reflektierter Umgang mit der eigenen Körperhaltung, Gestik und Mimik sinnvoll. Die Kinder registrieren sehr genau, *wie* die Erzieherin hinsieht, *wie* sie sich in der Konfliktsituation verhält. Wenn sie lächelt, kann das als Ermutigung, die Auseinandersetzung selbst in der Hand zu behalten, gedeutet werden. Wenn sie nicht lächelt, kann die Frage im Raum stehen, was ihr nächster Schritt sein könnte. Auch bisher gewohnte Reaktionsmuster (*„Der hat angefangen!"* – *„Ich sag's der Erzieherin!"* – *„Jetzt darf ich nur noch versteckt hauen"* – *„Immer mal wieder ein Blick in Richtung Erzieherin"* ...) sind sofort bei den Kindern präsent, wenn die Erzieherin hinzukommt.

Unter Umständen ist es für den Aushandlungsprozess sinnvoll, gleich wieder zu gehen und die Kinder nach eigenen Lösungen suchen zu lassen. Vielleicht kann die Erzieherin vorher kurz mitteilen, wo sie zu erreichen ist, falls sie doch gebraucht werden sollte.

Jede Erzieherin muss hier ihren eigenen Weg finden, wie sie sich Konflikten unter Kindern nähert. Wichtig ist aber, dass sie keine pauschale Verurteilung von Streit, Ärger, Wut oder Körpereinsatz zum Ausdruck bringt. Auf keinen Fall dürfen Blick und Körperausdruck drohend sein. Sie dürfen sich auch nicht nur auf eine Person beziehen: „Schon wieder der!" Die Erzieherin muss zunächst einmal ihr *grundsätzliches* Einverständnis formulieren und die Erlaubnis zum Streit sollte spürbar sein.

Wir setzen die Schwelle direkter Intervention, also des unmittelbaren regelnden Eingriffs Erwachsener in einen Konflikt unter Kindern eher hoch.

Dennoch gibt es natürlich Situationen, in denen Erzieherinnen Konflikte auch direkt begrenzen müssen. Die Fragen, die in diesem Zusammenhang aufkommen, lauten: Wie kann ich Beschämung, Unterwerfung, Erniedrigung verhindern? Wie kann ich Grenzen setzen und gleichzeitig die Person, der die Grenze gilt, meine Wertschätzung spüren lassen?

Betrachten wir wieder ein Beispiel:

Zwei Kinder streiten sich. Augenscheinlich ist die Schaukel der Streitgegenstand. Jana, 5 Jahre alt, möchte schaukeln und fordert daher Cian auf, der ebenfalls 5 Jahre alt ist: *„Bei 10 musst du runter."* Cian lächelt, schaukelt aber auch dann weiter, als Jana bis 10 gezählt hat. *„Das war zu schnell gezählt"* ist sein Argument. Jana lässt sich darauf ein und zählt noch einmal bis zehn, dieses mal ganz langsam. Wieder hört Cian dennoch nicht auf zu schaukeln.

Es kommt nun zu einem lauten Wortgefecht. Jana klagt ihr Recht ein: *„Bei 10 muss man runter, sonst sag ich's der Erzieherin"*, kann aber nichts unternehmen, weil Cian nun noch stärker schaukelt und damit verhindert, dass Jana die Schaukel mit den Händen anhält. Sie traut sich offensichtlich nicht, in die Schaukel zu fassen, und sie wendet sich trotz ihrer Drohung auch nicht an die in der Nähe stehende Erzieherin. Cian ruft mehrere Male: *„Ich geh nicht runter. Guck, wie gut ich schaukeln kann!"* Jana wirkt ziemlich hilflos.

Nun greift die Erzieherin, die die ganze Zeit über den Vorgang aus etwa fünf Metern Entfernung beobachtet und bisher abgewartet hat, ein: *„Cian, die Regel lautet: Wenn jemand schaukeln will, darf er bis 10 zählen. Dann muss man von der Schaukel runterkommen. Ich möchte, dass du anhältst und die Jana auf die Schaukel lässt. Du kannst dann auch langsam bis 10 zählen."* Cian schaukelt weiter und entgegnet: *„Ich will aber weiter schaukeln. Die Jana schaukelt viel öfter als ich."* Es geht noch eine ganze Weile hin und her. Schließlich greift die Erzieherin in die Schaukel, hält sie an und fordert Cian auf, sie zu verlassen.

In der Reflexion antwortet die Erzieherin auf die Frage, warum sie sich zur Intervention entschieden hat, dass es sich ihrem Eindruck nach um eine Form von „Gewalt" gehandelt habe und eine Situation, in der Jana nicht mehr alleine weiter wusste. Jana habe keine Chance gehabt, mit Cian die Angelegenheit zu klären, weil Cian seine Übermacht ausgenutzt, die Schaukel besetzt und sich dadurch einem Gespräch einfach entzogen habe. Die Erzieherin habe sich deshalb entschlossen, Jana zu ihrem Recht zu verhelfen und wieder ein Gleichgewicht der Macht herzustellen.

Sie hat, der Situation und den Kindern zugewandt, abgewartet, bis sie beschlossen hat, einzugreifen. Sie tut dies nicht beschämend oder wertend, und dennoch unmissverständlich. Sie bezieht sich nur auf das, worum es geht, und verurteilt Cian nicht als Person. Im Gegenteil, sie verdeutlicht auch ihm ihre Wertschätzung. Diese Vorgehensweise beinhaltet wichtige Schritte einer guten Streitkultur. Betrachten wir dennoch den Vorgang im Folgenden sehr genau und kritisch.

Zunächst stellt sich die Frage nach der Rechtfertigung des Eingriffs. Trotz allem Verständnis könnte man fragen, warum die Erzieherin nicht gewartet hat, bis sie vielleicht von Jana um Unterstützung gebeten wird. Für die Intervention spricht sicherlich, dass Regeln durchgesetzt werden müssen, wenn sie verlässlich sein sollen. Dafür könnte auch das Argument der Erzieherin sprechen, dass die Kräfteverhältnisse ungleich waren und Cian seine bessere Stellung offensichtlich für sich ausgenutzt hat. Dagegen lässt sich aber einwenden, dass die Erzieherin Jana die Möglichkeit einer eigenen Entscheidung zur Klärung der Situation genommen hat. Sie hat auch sich selbst die Chance genommen, etwas darüber zu erfahren, welche Konfliktlösungsstrategien Jana einsetzen würde und wie gut sie diese schon beherrscht.

Auch wenn sie glaubt, das Kräfteverhältnis wieder ausgeglichen zu haben, bewirken ihre Signale an beide und ihr Handeln eher das Gegenteil. Jana, der in diesem Konfliktabschnitt Schwächeren, wird signalisiert: *„Du kannst dein Anliegen nicht alleine erreichen, du bist dafür zu schwach. Du brauchst jemand Größeren und Stärkeren".* Und der Stärkere, Cian, bekommt zu spüren, dass er es mit einem noch Stärkeren zu tun hat. Damit stabilisiert sie, ohne es zu merken, das Konfliktlösungsmodell, gegen das sie vorzugehen glaubt: das Recht des Stärkeren. Außerdem gleicht sie das Kräfteverhältnis nicht aus, sondern verändert es bloß zu Gunsten von Jana.

Jana widerfährt dadurch zwar Recht, gleichzeitig aber widerfährt Cian auch Unrecht. Wer weiß schon, ob Cians Argument *„Jana schaukelt viel öfter als ich"* nicht stimmt. Vielleicht verhält es sich auch so, dass es die Abzählregel der Erwachsenen ist, die verhindert, dass Kinder wie Cian „richtig schaukeln" können. Kaum, dass sie beginnen, können sie schon wieder ausgezählt werden.

Im Folgenden möchten wir – das Beispiel weiter betrachtend – einige Ideen entwickeln, was bei Eingriffen von Erwachsenen in die Konflikte unter Kindern bedacht werden müsste. Dabei wird noch einmal klar, wie angemessen die Erzieherin in unserem Beispiel bereits in weiten Teilen gehandelt hat.

Ich-Botschaften sind die beste Form, um mit Klarheit zu intervenieren, ohne zu beschämen. Auch die Erzieherin von Cian und Jana verlangt zunächst klar und unmissverständlich von Ci-an, dass er sich an die Regel hält, Jana auszählen lässt und dann die Schaukel verlässt. Eindeutig ordnet sie als Ich-Botschaft an, was sie möchte: *„Ich möchte, dass du anhälst und Jana auf die Schaukel lässt"*. Ich-Botschaften beginnen immer mit dem Wörtchen „Ich": „Ich möchte …" – „Ich will …"

Wer von sich spricht, macht sich selbst angreifbar, und das ist gewollt. Das hält Kinder trotz aller Einschränkung in gewisser Weise handlungsfähig. Sie können sich nämlich wehren, sich är-gern und ihre Wut gegen eine *bestimmte* Person richten. Dem-entsprechend müssen Erwachsene Angriffe und Widerstand von Kindern als *angemessene Reaktionen* respektieren. Sie dürfen nicht mit moralischer Entrüstung auf die Situation antworten und Kinder als Person unterwerfen wollen.

Eine moralisierende und beschuldigende Anweisung hätte etwa so lauten können: *„Jetzt komm aber endlich mal da runter. Du weißt genau, dass Jana schon zweimal bis 10 gezählt hat. Jetzt reicht es aber!"* Einfache Ich-Botschaften ohne Schuldzuweisung, Verurteilung und moralischen Inhalt öffnen deshalb Hand-lungsspielräume, weil sie nicht die Person angreifen, sondern das, was sie *tut*.

Eine Unterscheidung zwischen der Person und dem Problem ist unerlässlich.[50] Als Grundsatz sollte gelten: Du darfst alles füh-len und denken, bloß nicht alles tun! *Du* bist nicht falsch, nur was du gerade *tust*, möchte ich nicht. Ich stelle nicht deine Mo-tive in Frage, sondern nur die Mittel, die du anwendest, um sie durchzusetzen. Jede Intervention findet auch auf der Bezie-hungsebene statt. Jedesmal wird auch etwas darüber ausgesagt, wie Erzieherin und Kind zueinander stehen. Deshalb ist es au-ßerordentlich wichtig, einerseits die Angelegenheit, um die es

---

[50] Der Grundsatz „Zwischen Menschen und Problem unterscheiden" stammt aus dem sog. „Harvard-Konzept", das an der Harvard-Universität in Cam-bridge/USA entwickelt wurde. Vgl. Fisher u. a. 2000.

geht, bestimmt und eindeutig zu verhandeln sich gleichzeitig aber den Kindern gegenüber sanft und mitfühlend zu zeigen.

Anweisungen dürfen auf keinen Fall von Schuldzuweisungen oder moralischen Vorwürfen durchsetzt sein. Letztere treffen die Person, nicht die Sache. Dann soll nämlich das Kind spüren, dass es etwas falsch gemacht hat, soll ein schlechtes Gewissen bekommen und sich schuldig fühlen! Im Sprachgebrauch früherer Zeiten hieß es noch klar und offen: „Du solltest dich schämen!"

Die sanfte, zugewandte, fragende, nicht verurteilende, auch verständnisvolle und mitfühlende Haltung, die der Person gilt, drückt sich nicht nur sprachlich aus. Der *ganze* intervenierende Erwachsene vermittelt, ob er das jeweilige Kind auch weiterhin und sogar gleichzeitig annehmen kann und wertschätzt.

Die Erzieherin in unserem Beispiel bekundet, dass sie Cian nicht verurteilt und *auch* an seiner Seite steht, indem sie an ihre Ich-Botschaft den Satz *„Du kannst dann auch langsam bis 10 zählen"* anhängt. Sie öffnet Cian gleichzeitig mit der Begrenzung neue Handlungsspielräume. Vor allem aber spürt Cian, dass er gemocht und angenommen wird.

In unserem Beispiel hat es eine Zeit gedauert, bis Cian die Schaukel verlassen hat. Erst der körperliche Einsatz der Erzieherin hat Erfolg gebracht. Um eine Intervention wirkungsvoll zu gestalten, muss sich die Erzieherin zunächst klar darüber sein, worauf sie ihren Eingriff *genau* bezieht. Hier ging es um die Regel, dass, wer auf eine besetzte Schaukel möchte, bis zehn zählen darf. Dann muss der Wechsel erfolgen.

Wichtig ist aber auch, worum es *nicht* geht: Es geht nicht darum, wer angefangen hat, noch geht es darum, sich doch wieder zu vertragen, auch nicht um die Lautstärke der Auseinandersetzung und dabei eventuell gebrauchte Schimpfwörter.

Solche Unterscheidungen sind sehr wichtig. Erzieherinnen, die Kinder in Schranken weisen, sollten wissen, was sie mit ihrer Intervention genau erreichen wollen. Darauf muss sich ihr Handeln mit Bestimmtheit, Klarheit, Deutlichkeit und Durchset-

zungswillen konzentrieren. Es muss erkennbar sein, dass Erzieherinnen in *dieser* Sache die Bestimmer sind.

Das drückt sich im Tonfall aus, in der Körperhaltung und in
der Wortwahl. Rhetorische Fragen, die gar nicht beantwortet
werden können, wie: „Merkst du nicht, dass die Jana auch mal
schaukeln will?" sind dieser Situation nicht angemessen. Klarheit entsteht, indem der Erwachsene mit Nachdruck genau das
benennt, worum es ihm geht: *„Ich möchte, dass du anhältst und
Jana auf die Schaukel lässt"*. Das ist eine deutliche positive Auf-
orderung!

In unserem Fall hat sich die Erzieherin für einen drastischen
Eingriff entschieden. Sie hält selbst die Schaukel an. Egal, was
nun passiert, muss sie im Blick haben, dass sie eine Grenze über-
schritten hat. Auch wenn sie dabei den Grundsatz beherzigt,
Problem und Person zu trennen, kann es doch sein, dass Cian
sich jetzt verletzt fühlt. Er verfügt für den Moment über keinerlei Handlungsspielräume. Er hat verloren und Jana gewonnen.
Das schmerzt und wird von Cian vermutlich als ungerecht erlebt. Das ist schwer auszuhalten.

In diesem Fall ist es notwendig, dass im Anschluss von der
Erzieherin Signale ausgehen, die auf die Wiederherstellung der
Beziehung zielen. Sie kann Cian ansprechen und sich für sein
Erleben interessieren: „Cian, es tut mir leid, dass ich die Schaukel angehalten habe. Ich wusste nicht, was ich anderes machen
sollte, als du nicht von der Schaukel kommen wolltest. Willst
du mir erzählen, wie das für dich war?" Sie kann Cian später
auch in den Arm nehmen oder in anderer Weise zeigen, dass
sie verstanden hat, wie schwer die Situation für Cian war. Wichtig ist, dass der erste Schritt von der Erzieherin ausgeht, dass sie
klarstellt: Das war die eine Angelegenheit. Das Verhalten konnte
ich nicht akzeptieren. Jetzt ist eine andere Situation.

3.7 „Besprechung!" – Kindern helfen, ihre Konfliktfähigkeit auszubauen

Kinder in der ganz konkreten Konfliktsituation zu unterstützen, mit ihnen gemeinsam ihren momentanen Streit zu bearbeiten, ist die eine wichtige Aufgabe von Erzieherinnen. Die „Erziehung zur Konfliktfähigkeit" beginnt jedoch nicht erst in der konkreten Konfliktsituation, sondern früher und grundlegender. Und das ist die andere Seite, nämlich eine gut entwickelte „Streitkultur im Hintergrund".

Zunächst stellen sich folgende Fragen: Welches Bild vom Kind braucht eine entwickelte Konfliktkultur und wie sollen die Beziehungen zwischen Kindern und Erwachsenen darin insgesamt gestaltet sein.

Wenn etwa während der Erarbeitung einer Einrichtungs-Konzeption die Rede von *Konfliktfähigkeit* ist, verbinden das viele mit Forderungen wie: Kinder sollen lernen, Rücksicht aufeinander zu nehmen, anderen etwas abzugeben oder die eigenen Bedürfnisse auch einmal zurückzustellen und sich unterzuordnen. Seltener kommt jemand im Zusammenhang mit *Konfliktfähigkeit* auf den Gedanken, die *individuelle* Entfaltung der Kinder als Voraussetzung für gemeinschaftliches oder solidarisches Verhalten anzuerkennen. Individuelle Entfaltung hieße ja, das Kind ordnet sich nicht immer unter, nimmt nicht ständig Rücksicht auf andere und will seine eigenen Bedürfnisse gegenüber anderen Kindern und Erwachsenen durchsetzen.

Bei vielen Erzieherinnen und Eltern erwecken solche Gedanken einen gewissen Widerstand, zumindest aber ein nicht näher bestimmbares Unwohlsein. Eigenständigkeit und Individualität sind unserer Ansicht nach allerdings grundlegende Voraussetzungen für Gemeinschafts- und damit auch Konfliktfähigkeit.

Der scheinbare Gegensatz löst sich auf, wenn man bedenkt,

dass das einzelne Kind seine Interessen erst einmal kennen muss, um sie anderen mitteilen und sie dadurch verhandelbar machen zu können. Um in Konflikten zu bestehen, muss es ein stabiles Selbstvertrauen, ein hohes Maß an Selbstachtung und ein soziales Selbstwertgefühl, insgesamt also ein gutes Selbstbild besitzen. Das braucht es auch, um Entscheidungsfreude entwickeln zu können. Wer die Erfahrung machen konnte, dass ihm zugehört wurde und dass er Wirkung auf andere erzielen konnte, der hat die Fähigkeit, sich auch einmal unterzuordnen. Kurz gesagt: Wer sich in Gemeinschaften und auch in Konflikten nicht verlieren möchte, muss sich selbst spüren dürfen.

Eine eigene Identität entwickelt sich im So-Sein-Wie, aber auch im Anders-Sein-Als! Kinder benötigen Erlebnisse von Zugehörigkeit und Gemeinschaft, von Übereinstimmung und Gleichartigkeit. Die Erfahrungen mit Abgrenzung, Differenz, Gegensätzlichkeit oder Nichtübereinstimmung sind jedoch für die Herausbildung des Ichs mindestens ebenso wichtige Bedingungen.

Unser Bild vom Kind ist das eines *handelnden Subjekts*[51]. In Wechselwirkung mit der umgebenden Welt ist das Handeln eines Kindes *auch* Reaktion auf das, was der Erwachsene ihm anbietet, von ihm verlangt oder erwartet. Aber das Kind *verhält* sich nicht nur im Sinne einer bloßen Reaktion, sondern es muss in jeder Situation selbst – bewusst oder unbewusst – *entscheiden*, wie es vorgeht, es handelt als *Subjekt*. Dazu muss es seine Individualität in Form von individuellen Bedürfnissen, Interessen, Motiven wahrnehmen und sich dabei seiner selbst bewusst werden. Eigenes spürt sich jedoch erst im Vergleich mit Anderem oder in Auseinandersetzung damit. Mit solchen Erfahrungen gelingt es besser, sich auf andere einzulassen.

Wer Kinder als handelnde Subjekte, wer in ihnen Experten für ihre eigenen Bedürfnisse sieht, der kann die Beziehung zu

---

[51] Vgl. Klein 2002, S. 17 ff. und Wieland 1993, S. 16 ff.

ihnen *dialogisch*[52] und auf *wechselseitiger Anerkennung*[53] beruhend gestalten.

Erwachsene sind dann in einer dialogischen Beziehung mit Kindern, wenn sie die innere Bereitschaft haben, sich selbst von Kindern beeinflussen zu lassen, statt ständig gedanklich vorauszueilen und alles besser zu wissen. Kinder stehen in der dialogischen Beziehung Erwachsenen gleichwertig gegenüber. Sie sollen die Regie über ihre eigenen Entscheidungen weitgehend behalten. Das stärkt Kinder auch im Konfliktfall, weil es sie dazu ermutigt, die eigenen Interessen und Sichtweisen einzubringen.

Das Konzept der wechselseitigen Anerkennung geht davon aus, dass Menschen leichter andere in ihrer Besonderheit anerkennen können, wenn sie selbst auch Anerkennung genießen und dadurch eine Stärkung ihres Selbstwertes erfahren. Um es auf das Bedürfnis der Erzieherinnen nach Anerkennung und Autorität zu beziehen: Wenn es ihnen gelingt, Kindern Wertschätzung und Achtung entgegenzubringen, erfahren sie dasselbe wechselseitig von ihnen.

Wechselseitige Anerkennung basiert auf emotionaler Zuwendung, die Zuerkennung gleicher Rechte (Gleichwertigkeit) und sozialer Wertschätzung und damit der Erfahrung eigener Wirksamkeit und persönlicher Entscheidungsspielräume.

Dialog und eine Beziehung wechselseitiger Anerkennung sind allein schon gute Voraussetzungen, um Kinder in ihren Konflikten zu stärken.

Fragen wir konkreter nach, was dazu beiträgt, sich gut streiten zu können, dann fallen uns als erstes *Vereinbarungen* ein, die innerhalb der Kindergruppe und im Dialog mit Erwachsenen gefunden werden können. Echte Vereinbarungen sind *gegenseitig*. Die Erzieherin begegnet Kindern mit einer offenen, nicht erklärenden Haltung. Kinder werden ernsthaft befragt. Ihnen wird

---

[52] Vgl. Hartkemeyer u. a. 1999; Klein 2002, S. 20 ff.
[53] Vgl. Honneth 1992; Dörfler/Leu 1998; Leu 1997.

aufmerksam zugehört. Ihre Sicht der Dinge wird nicht besserwisserisch zurück- oder zurechtgewiesen, sondern ernsthaft betrachtet und geprüft. Die Antworten auf folgende Fragen können in gegenseitige Vereinbarungen münden.

Was soll man tun, wenn?

Kurt und Sabine Faller schildern in ihrem Buch zur Mediation im Kindergarten, was Kindern zu der Frage „Was mache ich, wenn ich wütend oder traurig bin" einfällt. Die Kinder haben untereinander die folgenden Vereinbarungen[54] getroffen:
– laut schreien
– irgendwohin schlagen (z. B. auf einen Topf), aber nicht auf den anderen
– an einem anderen Ort alleine sein
– sich trösten lassen

Da Kinder am besten wissen, was ihnen wann gut tut, müssen sie gefragt werden. Sie sind die Fachleute für die Antwort auf die Frage, was im Streitfall getan werden kann. Schon das bloße gemeinsame Nachdenken darüber regelt den Umgang miteinander.

In einer altersgemischten Gruppe in Wiesbaden kamen die Kinder auf noch weitere Ideen:
– die Wut wegtun, d. h. sie in die Hand nehmen und in eine Ecke legen, wo man sie wieder holen kann, wenn man sie braucht
– gegen den Kicker treten
– sich beim Kinderrat beschweren
– sich aufs Sofa setzen und „brummeln"
– sich bei der Leiterin beschweren
– es den Eltern erzählen und sich von ihnen trösten lassen
– rausrennen

---

[54] Vgl. Faller/Faller 2002, S. 21.

In einer Freiburger Kindertagesstätte gehen um Unterstützung suchende Kinder „*einfach*" zu den Streitschlichtern. Das sind ältere Kinder, die zunächst ein „Hausdetektivbüro" gegründet und sich später selbst zu Streitschlichtern erklärt haben. Erwähnenswert ist, dass diese Kinder *keine* Vorerfahrung mit der Mediation haben, sondern aufgrund ihrer Erfahrungen mit anderen Kindern schwierige Situationen gut einschätzen können und von ihren Erzieherinnen dazu ermutigt wurden.

Rituale können zusätzlich helfen. Da gibt es „Streittücher" und „Friedenstücher". Sie werden je nachdem hervorgeholt und auf den Boden gelegt. Drumherum können sich dann diejenigen setzen, die etwas auszufechten haben oder Frieden schließen wollen. Manchmal gibt es ganz besondere Orte für das Austragen von Konflikten: das Streitsofa, den Streittisch, die Streitecke usw. Oder es werden Runden um das Haus gelaufen, damit die Wut verraucht und eine spätere Unterhaltung besser möglich ist. Rituale können allerdings nur dann als solche bezeichnet werden, wenn sie von Kindern ohne weiteres übernommen werden.

Strafmaßnahmen, wie die Aufforderung, sich erst einmal auf einen „stillen Stuhl" oder Ähnliches zu setzen, haben mit unserem Verständnis eines gewachsenen Rituals nichts zu tun.

Wann soll ich eingreifen? Wie soll ich eingreifen?

Auch darauf wissen Kinder zu antworten. Die Fragen sind einerseits ein handfestes Hilfeangebot der Erzieherin. Sie bietet ihre Hilfe an, möchte von den Kindern hören, welche Art von Hilfe sie gerne hätten. Indem sie fragt, hat sie sich andererseits von der Vorstellung gelöst, Kinder würden von ihr in jedem Fall konkrete Ratschläge oder Lösungen erwarten. Sie will deshalb nicht alleine entscheiden, wann sie wie interveniert, sondern ist daran interessiert, wie die Kinder ihre Beteiligung erleben und was sie sich wünschen. Sie bittet die Kinder sogar um die Erlaubnis, im Notfall einzuschreiten. Hier wird die eigene Zuständigkeit im Dialog mit Kindern geklärt. Die Kinder erteilen der Erzieherin einen Auftrag. Das relativiert den Einsatz der Erwachsenenmacht beträchtlich. Es legitimiert ihn sozusagen.

Was antworten Kinder auf diese Frage? Erst einmal wünschen sie sich, dass Erwachsene in schwierigen Situationen bereitstehen. Es beruhigt sie. Sie erleben Erzieherinnen als Rückhalt, als letzte Zuflucht, wenn sie nicht mehr weiterwissen. Werden sie befragt, können sie den Zeitpunkt des Eingreifens durch die Erzieherin selbst bestimmen. Außerdem wird das Verhalten der Erzieherin für die Kinder berechenbarer.

Konkret fordern z. B. Nino, Sven, Lars, Onur, Max, Michi und Colin aus einem Kindergarten im hessischen Reinheim die Unterstützung des Erwachsenen ein, *„wenn wir ‚Stopp‘ rufen und es niemand hört – wenn jemand weint und alleine ist – wenn jemand nicht zuhören will – wenn jemand wo runterfällt – nur, wenn ich sage, ich brauche Hilfe, sonst nie".* Auch wenn es sich hier nicht um *eindeutige* Aufträge handelt, ist die Erzieherin mit den Kindern doch im Dialog und kann sich gegebenenfalls vergewissern, ob einer der Notfälle eingetreten ist.

Und wie soll sich ihre Erzieherin dann verhalten: *„Schnell kommen, trösten und mit den Kindern reden – noch mal lauter ‚Stopp!‘ rufen – fragen, was passiert ist – sagen, was du machen würdest, wenn du ein Kind wärst – auch mal schimpfen."*

Wann soll Schluss sein und woran ist das zu merken?

Natürlich ist nicht zu erwarten, dass zu hundert Prozent eingehalten wird, was hier vereinbart ist. Dazu ist die emotionale Beteiligung von Kindern im Konfliktfall einfach zu groß. Die Beschäftigung mit der Frage, wann „Schluss" sein soll und mit welchen Signalen der Konflikt beendet werden kann, hilft Kindern, sich auch im Ernstfall besser auszudrücken und ihre Interessen andern gegenüber zu vertreten.

„Auf den Bauch rollen", „die Hand heben" oder „den Rücken zeigen" sind beispielsweise körperliche Signale. Ebenso können selbst gebaute „Stopp-Schildchen" zum Einsatz kommen, oder Sicherheitszonen, zu denen die Kinder hinrennen können. Hier haben sie die Möglichkeit, anzuklopfen und laut „Sicherheit" zu rufen.

Regeln

Regeln helfen, sich zu orientieren. Sie sind keine Garantie für ein geregeltes Miteinander. Es gibt sie dort, wo befürchtet wird, dass etwas *nicht* von selbst geschieht. Streitregeln sind enorm wichtig. Sie regeln, *wie* man richtig streitet. Sie verbieten aber nicht den Konflikt. Von Regeln wie: *„Wir schlagen uns nicht"* halten wir nicht viel. Besser wäre, gemeinsam zu überlegen, was man tun kann, wenn es dann doch passiert, wie oben beschrieben. Eine weitere Möglichkeit besteht darin, sich auf *Absichtserklärungen* zu einigen. Das wären dann etwas Ähnliches wie *Lebensregeln*, also Maßstäbe, an denen sich alle orientieren *wollen*, von denen aber jeder gleichzeitig weiß, dass es hohe Maßstäbe sind, die nicht immer eingehalten werden können. Solche Lebensregeln könnten lauten: *„Wir versuchen, niemanden zu verletzen."* oder *„Wir bemühen uns, zuzuhören."*

Weniger hilfreich sind auf jeden Fall negativ formulierte Anweisungen und Verbote („Don't-Rules"[55]). Sie definieren und betonen, was *nicht* getan werden darf und behindern den Austausch darüber, was man tun soll. Besser ist es, zu versuchen, „Do-Rules" zu finden. Sie beschreiben, was man tun und nicht was man lassen soll: *Benutze deine Worte."* – *„Beim Schlagen auf die Arme und Beine zielen und versuchen, Kopf und Bauch nicht*

---

[55] Vgl. Hännikäinen u. a. 1997.

zu treffen." – *„Sag es laut, wenn du nicht mehr magst."* Erzieherinnen können Kinder darin unterstützen, Do-Rules zu finden, indem sie fragen: *„Was wollt ihr tun, wenn ...?"*

Besprechungen mit Kindern

Besprechungen aller Art sind eine zentrale Voraussetzung für eine gute Konfliktkultur. Allerdings müssen nicht immer *alle* einbezogen werden. Absprachen unter Wenigen sind im Allgemeinen wirksamer als wenn versucht wird, alles mit allen zu klären. Sinnvoll ist eine Gesprächskultur, bei der jeder jederzeit Treffen aller Art „einberufen" kann.

Rosy Henneberg, eine Erzieherin aus Reinheim, ist der Auffassung, dass Kinder *viele verschiedene* Treffen brauchen: *„Zu unterschiedlichen Themenbereichen, zu unterschiedlichen Fragestellungen, zu unterschiedlichen Uhrzeiten, mit unterschiedlicher Teilnehmerzahl und sogar mit unterschiedlichen Erzieherinnen."* So gibt es dort *„Sperrmüllmann-Treffen, Trommel-Treffen, Tagebuch-Treffen, Wermacht-Frühstück-Treffen, Buchlese-Treffen. Und wir erfinden täglich neue Treffen, wenn es die Situation erfordert."* [56]

Diese Treffen orientieren sich an den Themen und Interessen der Kinder und nicht an den Vorstellungen Erwachsener. Entsprechend nehmen auch nur die Kinder teil, die am Thema Interesse haben und davon betroffen sind. Wir meinen nicht, dass solche Treffen ritualisierte Stuhlkreise oder Gruppenberatungen mit (fast) allen ersetzen müssen. An vielen Orten haben sie Tradition und sind auch für Kinder ein wichtiges Instrument, um sich einzubringen und auch über Konflikte zu beraten. Uns geht es darum, den Blick zu weiten und zuzulassen, dass Kinder darüber hinaus oder je nachdem auch stattdessen die für sie passende Form selbst finden.

---

[56] Vgl. Henneberg 2001, S. 30 f.

Rosy Henneberg zieht aus ihren Erfahrungen den folgenden Schluss: *„Heute frage ich mich, ob es überhaupt notwendig ist, Kinder im Alter von drei bis sechs Jahren in Großgruppen à 20–25 Personen anzusprechen. Kinder wollen und können konzentriert darüber reden, was sie im Moment betrifft. Dreijährige oft nur in Zwiegesprächen und Kleinstgruppen, Sechsjährige sicher schon mit mehreren Kindern."*[57] Und weiter: *„Die Frage: ‚Wollen wir darüber reden?' hat längst Einzug gehalten in unseren Gruppenalltag, und wir werden täglich von den Kindern zum Mitreden aufgefordert: ‚Komm, wir reden mal mit dem.'"*

Besprechungen mit Kindern sollten sich grundsätzlich jedem Schematismus verweigern. Vor allem sollte die Teilnahme daran freiwillig sein. Dies trifft besonders zu, wenn es um Streitregeln oder um die Lösung eines Konfliktes geht. Immer wieder äußern Kinder auch, dass Erwachsene *zu viel* reden wollen. Ältere Kinder drücken das ganz direkt aus: *„Ihr mit eurem dauernden Reden, Reden, Reden!"*

Partizipation

Das Gesagte trifft auch für Partizipation insgesamt zu. Partizipation als Recht zur Einmischung betrachten wir als Grundrecht, das den ganzen Alltag durchzieht, nicht als Recht für besondere Gelegenheiten. Partizipation in diesem Sinn ist unbedingte Voraussetzung für eine gute Konfliktkultur. Es stärkt Kinder, wenn sie sich einmischen können und gehört werden, wenn ihre Ideen auch für Erwachsene folgenreich sind. Kinder üben sich dann lebensnah darin, Anwälte ihrer eigenen Interessen zu sein und sie mit denen anderer ab- und auszugleichen. Konfliktfähigkeit und Konfliktbereitschaft setzt *beides* voraus.

---

[57] Ebd. S. 33.

Wird Partizipation als Einmischung ernst genommen[58], wirkt sie sich in vielfältiger Weise positiv auf die Konfliktkultur im Kindergarten aus. Sie nimmt Druck und erweitert soziale Kompetenzen. Wenn Kinder es gewohnt sind, ihre eigenen Anliegen selbst zu regeln, festigt sich durch die Reaktionen anderer ihr Selbstbild. Sie erleben die Grenzen ihrer Interessen und Sichtweisen, entdecken, dass andere etwas anders erleben und bewerten, bekommen aber auch Resonanz auf eigene Ideen, erleben, dass sich andere darauf beziehen und sich ihnen anschließen. Wer sich in diesem Sinne als „wertvoll" für andere erlebt, entwickelt ein positives Selbstbild und kann im Konfliktfall leichter einmal fünf gerade sein lassen. Für einen mit sich zufriedenen Menschen ist es andererseits auch einfacher, sich zu streiten. Er kann leichter darauf verzichten, den Konfliktgegner zu beleidigen oder zu schädigen, um zum eigenen Recht zu kommen. Partizipation erweitert darüber hinaus die kommunikativen Fähigkeiten.

Projekte

Über die akute Unterstützung im Konfliktfall hinaus können natürlich auch besondere Projekte oder die Möglichkeit zu Kampfspielen wie den „Fights auf der Matte" hilfreich sein. Projekte können anregen, über die immer wiederkehrenden Streits nachzudenken. Wir denken dabei weniger an belehrende und vor allem kopflastige Projekte zum Thema „Freundschaft" oder „Vertragen". Gemeint sind Projekte, die Kindern erlauben, mit ihren Gefühlen und ihrem Körperausdruck zu experimentieren.

Wie gut sich Kinder untereinander und insbesondere in Konfliktsituationen verständigen können, hängt u. a. von der „Lesbarkeit" ihrer Signale ab, die mitnichten allein an die verbale Sprache gebunden sind.

---

[58] Vgl. Klein/Vogt 2000.

Menschen vermitteln sehr viele Informationen nonverbal. Dafür setzen sie die anderen 99 von den 100 Sprachen (Malaguzzi), die sie beherrschen, ein. Das gilt auch in Konfliktsituationen! Kinder greifen hier zurück auf Symbolsprache (z. B. Drohgebärden), Blickbewegungen, Körpersprache, Mimik und Gestik (vgl. Kapitel 2). Auch Handlungen können weh tun und Schriftzeichen ebenso, denken wir beispielsweise an ein gemaltes Bild, das von einem anderen Kind übergekritzelt wird. Kinder nutzen die ihnen zur Verfügung stehende Vielfalt, oft spontan, manchmal ganz pragmatisch und hin und wieder auch ganz absichtsvoll.

Erzieherinnen sollten insbesondere auch den Einsatz nicht-rationaler Ausdrucksmittel beachten. Ein großer Teil der vermittelten Informationen lässt sich nämlich in rationaler Sprache nur schwer fassen. Oder fällt es ihnen auf Anhieb leicht, ihre Befindlichkeit in knappen Worten treffend wiederzugeben? Oder was ist mit Widersprüchlichkeiten? Manchmal sind die eigenen Gefühle sehr ambivalent. Haben Sie einmal versucht, ihrer Wut durch Worte Ausdruck zu verleihen? Leichter ist es dann schon, dies über körperliche Bewegungen darzustellen. Ähnliches gilt für Gefühle wie Angst oder Trauer.

Diese Gefühle können in Konfliktsituationen eine Rolle spielen. Hier beginnt eine wesentliche Aufgabe der Erzieherin. Sie unterstützt Kinder darin, eigene Worte für ihre Gefühle zu finden. Eine große Hilfe für Kinder ist es, wenn Erwachsene dabei als Vorbild fungieren und ihre eigenen Gefühle ebenfalls in Worte fassen. Bildnerische, tänzerische oder gestische Ausdrucksformen sind, wenn es um Gefühle geht, dem gesprochenen Wort allerdings in der Regel überlegen. So gesehen ist es wichtig, dass die Kinder in der Kindertagesstätte die Möglichkeit erhalten, sich alle ihnen zur Verfügung stehenden Kommunikationsmittel verfügbar zu machen und auszuschöpfen. In solchen Projekten oder Unternehmungen geht es immer *auch* um „die andere Seite", darum, wie die Aktionen der Kinder über die nicht-sprachliche Kommunikation von ihrem sozialen Umfeld bewertet werden. Für Kinder ist es außerordentlich wertvoll, sich mit ihren Erzieherinnen darüber „auszutauschen", was ihre Gesten, Körperhaltungen, Mimik „bedeuten".

Doch auch der Einsatz mündlicher Botschaften in Konfliktsituationen will geübt sein. Die verbale Sprache lässt viele Nuancen zu. Denken wir nur an die Sprachmelodie oder die Betonung, die wir einsetzen können, um anderen etwas unmissverständlich zu sagen. Der Satz „Hör bitte auf" kann je nachdem, wie er ausgesprochen wird, Unterschiedliches betonen. Es kann ein Flehen in der Stimme mitschwingen, ein „Genervtsein" oder eine deutliche Aufforderung beinhalten, in dem Sinne, „Wenn du jetzt nicht aufhörst, dann …" Gestik und Mimik untermauern das Gesagte, sie können aber auch genau das Gegenteil bewirken.

Wer den Satz „Hör bitte auf" leise und mit herabhängenden Schultern und auf den Boden gerichteten Augen sagt, schafft eine Situation, in der der andere nicht genau weiß, woran er ist. Ähnliches geschieht oft mit dem Wort „Entschuldigung", das manche Kinder den Erwachsenen zuliebe zwar sagen, aber die Art und Weise, wie sie dies tun, lässt es eher absurd erscheinen. Verwirrung entsteht, wenn keine Übereinstimmung zwischen sprachlichen und nicht-sprachlichen Mitteln besteht. In Projekten kann es also insgesamt darum gehen, untereinander ein besseres Gefühl für die *Vielfalt* der „Sprachen" der Kinder zu entwickeln.

Eine so verstandene Kommunikationsfähigkeit im erweiterten Sinne hat zudem positive Auswirkungen auf die Entwicklung kognitiver Fähigkeiten. Der Hirnforscher Rolf Singer kommt sogar zu dem Schluss, dass für die Hirnentwicklung die kommunikativen Prozesse außerordentlich wichtig sind. Und hierbei sind es gerade die nicht-rationalen Kommunikations- und Ausdrucksmittel, denen er eine herausragende Wirkung beimisst, wenn er feststellt: „*Vielleicht läge gerade darin der Schlüssel zu interkulturellen Dialogen und dauerhaften Konfliktlösungen.*"[59]

---

[59] Singer 2003, S. 75.

Die Kinder sagen es den Erwachsenen, wenn sie mahnend darauf hinweisen: „*Ihr mit eurem dauernden Reden, Reden, Reden!*" An dieser Stelle können Erwachsene viel von den Erfahrungen der Erzieherinnen aus Reggio/Emilia in Italien lernen, die uns in dieser Hinsicht ein ganzes Stück voraus sind.[60]

Kampf- und Tobespiele

Kampfspiele[61] drücken etwas von dem aus, was oben beschrieben wurde. Sie erlauben es, „Luft rauszulassen" und sich körperlich zu erfahren. Kinder können sich darin üben,
– sich selbst unter Spannung zu kontrollieren,
– Verantwortung für sich und andere zu übernehmen,
– Signale bei anderen zu erkennen,
– eigene Grenzen und die anderer kennen zu lernen,
– Grenzüberschreitungen zu kontrollieren,
– ihren Körper zu beherrschen und kennen zu lernen,
– mit Wut, Zorn, Ärger Begeisterung, Freude und anderen Gefühlen umzugehen,
– mit Schmerz und Verletzungen umzugehen,
– mit Verlieren und Gewinnen, Unterordnung und Macht, Trennung und Wiederannäherung umzugehen,
– sich an eigene und fremde Regeln zu halten.

Kampfspiele bewirken Energieabfuhr, sie ermöglichen Körperkontakte, sich umarmen, die Hand geben, übereinander kullern, sich fest, stark, leicht, sachte berühren usw. Kampf- und Tobespiele machen eine neue und andere Form von Nähe erfahrbar und lassen Vertrauen zu sich selbst entstehen. Somit tragen sie

---

[60] Vgl. vor allem: Reggio Children 1997 und Autorengruppe 1987.
[61] Viele Anregungen finden sich bei Sommerfeld 1999, S. 178 ff. oder können angefordert werden bei der Sportjugend Hessen (Tel. 069/6789270) www.gfrancescon@sportjugend-hessen.de.

viel zum Entstehen von Feingefühl bei. Für viele Menschen ist diese Sichtweise gewöhnungsbedürftig.

Gemeinsame Absprachen helfen, dass aus „Spaß-Kämpfen" nicht ungewollt „harte" Auseinandersetzungen werden. Wichtige Regeln für Kampfspiele sind deshalb:

– Erst anfassen, dann kämpfen.
– Wenn eine Person STOPP ruft, sofort ablassen (die Situation sofort verändern, wenn der Wunsch danach geäußert wird).
– Auf den Kopf, in den Bauch und den Schritt darf nicht gezielt oder geschlagen werden.
– Für denjenigen, der aussteigen will, muss es einen Ruhepunkt (Ruhebank, Ruhematte …) geben.

Günstig sind Rituale am Anfang und Ende von Kampfspielen, zum Beispiel: Jemanden zum Sieger erklären, sich voreinander verbeugen, sich die Hand reichen, abklopfen, laut schreien etc.

Für die pädagogische Praxis besteht darüber hinaus ein breites Angebot an Literatur[62] mit Übungen und Spielen, in denen es um Wahrnehmung, Sensibilisierung von Gefühlen, aktives Zuhören, die Entwicklung eines Gruppengefühls usw. geht.

Mediation

Wir möchten dieses Kapitel nicht abschließen, ohne auf die Mediation als ein mögliches Verfahren der Konfliktbearbeitung hingewiesen zu haben. Der Schwerpunkt der Mediation liegt zwar auf dem Darüber-Reden. Das stellt, wie wir gesehen haben, nur einen Teil des Ganzen dar, das die vielfältigen körperlichen und handelnden Ausdrucksmöglichkeiten der Kinder umfasst.

Mediative Techniken können jedoch eine Hilfe sein, wenn es um konkrete Konfliktsituationen geht und Kinder beteiligt sind,

---

[62] Z. B. bei Faller/Faller 2002, S. 56 ff. oder Baer 2001.

die zuhören und sich sprachlich gut ausdrücken können. Die Stufen des Mediationsverfahrens sind durchaus auf Alltagssituationen übertragbar.

Das Ziel der Mediation ist klar definiert. Es geht darum, dass die Streitparteien *selbst* eine Lösung für ihre Angelegenheit finden, eine Lösung, der sie ohne Vorbehalt zustimmen können. Die Teilnahme am Mediationsverfahren ist in jedem Falle freiwillig! Die Rolle der Mediatorin könnte man so beschreiben: *„Ich helfe euch, dass ihr selbst eine Lösung für euren Streit finden könnt. Ich bin keine Schiedsrichterin und keine Anklägerin."*

Im ersten Schritt sollten die Beteiligten den Regeln der Mediation zustimmen. Sie lauten: *„Keine Beschimpfungen während wir hier sitzen und sprechen. Den anderen nicht unterbrechen, wenn er redet."* Jeder sollte einzeln gefragt werden, ob er diesen beiden Regeln zustimmt.

Im zweiten Schritt stellt jede Partei ihre persönliche Sichtweise über Beginn und Verlauf der Konfliktsituation dar. Es wird jedoch keine Analyse oder Ursachenforschung betrieben. Es geht vielmehr darum, dass beide Seiten berichten können, wie sie den Konflikt jeweils *persönlich* erlebt haben. Dementsprechend könnten die Fragen, die *nacheinander* an *jeden* gerichtet werden, lauten: *„Was war los? Was hast du gewollt?"* Die Mediatorin kann dabei aktiv zuhören, spiegeln, mit offenen Fragen nachhaken oder Verständnisfragen stellen. Sie sollte Interessen erkunden: *„Was wolltest du machen? Was wolltest du haben? Was wolltest du damit machen?"* Die Mediatorin stellt Gemeinsamkeiten und Unterschiede fest und benennt sie. Wichtig ist: Beide Seiten müssen gleich viel Gelegenheit bekommen, ihre Sicht des Konflikts darzustellen.

Im dritten Schritt geht es darum, den Konflikt weiter zu erhellen. Ziel ist es jetzt, etwas über die Gefühle, die bei den Betroffenen im Spiel waren, zu erfahren oder Informationen über die Vorgeschichte zu erhalten. Dieser Schritt geht also über das reine Geschehen hinaus und fragt nach Hintergründen und der subjektiven Bedeutung, die der Streit für jeden besitzt.

Darüber hinaus kann auch die Beziehung zwischen den Kontrahenten geklärt werden: *„Wie steht ihr zueinander?"* Immer wieder wendet sich die Mediatorin dabei an beide Seiten. Sie unterstützt die Kinder darin, nach und nach auch wieder direkt miteinander zu kommunizieren.

Im vierten Schritt werden Ideen für eine Lösung gesammelt: *„Was könntet ihr tun, damit … Habt Ihr Ideen, wie …? Was wünscht ihr euch?"* Die Ideen werden zunächst nur gesammelt, noch nicht bewertet. Wichtig in dieser Phase ist, dass möglichst viele Lösungsideen zusammengetragen werden. Die Mediatorin kann unter Umständen selbst auch Ideen beitragen, muss dabei aber sehr vorsichtig und zurückhaltend sein.

Im fünften und letzten Schritt werden Vereinbarungen getroffen. Die interessantesten Vorschläge werden von den Kindern selbst ausgewählt: *„Was könnte klappen? Was gefällt euch davon? Was möchtest du dafür tun?"* Die Vereinbarungen sollten so konkret wie möglich, gut überprüfbar und einzuhalten sein.

Die Zeiträume von einem zum nächsten Schritt sollten so kurz wie möglich sein. Am Ende wird die Vereinbarung von der Mediatorin zur Erinnerung noch einmal ausgesprochen. Die Kinder stimmen beide zu.

Im schulischen Bereich bzw. im Hort sind die Kinder selbst die Mediatoren. Mal werden sie als „Streitschlichter", mal als „Konfliktlotsen" bezeichnet. Die zugrunde liegende Idee ist ähnlich. Die Kinder werden für ihre Aufgabe ausgebildet und sie erhalten die Unterstützung der Erwachsenen. Für den Kindergarten liegen noch zu wenige Erfahrungen vor, um beurteilen zu können, ob junge Kinder diese Rolle ebenfalls übernehmen können.

Wenn Erzieherinnen diese Rolle übernehmen, gilt es zu bedenken, dass es durchaus Situationen geben kann, in denen sie sich bewusst nicht neutral verhalten sollen bzw. können. Zum Beispiel dann, wenn ein Kind ihren Schutz braucht, da es über keinerlei Handlungsspielraum im Konflikt verfügt. Hier muss sie sich mitunter zumindest zeitweise parteilich verhalten. Das wiederum kann sie nicht als Mediatorin. In ihrer Funktion als Mediatorin ist sie zur Neutralität verpflichtet und moderiert das Verfahren. Sie achtet auf den Ablauf, gibt Acht, dass die Kinder sich an die Regeln halten, spiegelt den Kindern wider, was sie gehört hat und versucht, die Aussagen der Kinder zusammenzufassen.

Streng genommen ist sie damit in dieser Rolle keine Dialogpartnerin für die Kinder. Denn wenn wir davon ausgehen, dass im Dialog jeder etwas zu sagen haben muss, dann muss das auch für die Erzieherin gelten. Hierfür reicht allein die Rolle der Moderatorin in Konfliktsituationen nicht aus.

Dessen ungeachtet gilt jedoch, dass die Mediation das Erleben der beteiligten Konfliktparteien (nicht der Erzieherin) ins Zentrum rückt. Die Kinder werden als handelnde Subjekte ernst genommen und es wird gemeinsam versucht, eine für alle akzeptable Lösung zu finden.

3.8 „Und wenn der ausrastet?" – Außergewöhnliche Situationen und „Störenfriede"

Die in diesem Buch vorgestellten Methoden und Ratschläge können keine Zaubermittel sein. Besonders dann nicht, wenn es zu zornigen, emotional sehr erregten Auseinandersetzungen zwischen Kindern kommt oder einzelne immer wieder „auffallende" Kinder beteiligt sind. Auch wenn der weitaus überwiegende Teil der täglichen Konflikte und Streitereien unter Kindern ganz anders verläuft, sind es doch die schweren Auseinandersetzungen, die in der Regel das Bild kindlicher Konflikte prägen.

Wenn Kinder zu massiven Mitteln greifen, dann haben sie ihre Gründe, auch wenn diese hier nicht pauschal gerechtfertigt werden sollen. Erwachsene müssen lernen, Konflikte unter Kindern aus der Sicht der Kinder zu sehen und zu verstehen. Dazu ist ein genaues Hinschauen erforderlich, das Kinder zudem nicht vorschnell verurteilt. Vier typische Situationen lassen sich beobachten, die ein solches Verhalten auslösen können:[63]

- *Wenn aus Spaß plötzlich Ernst wird* und die Kinder die Signale nicht rechtzeitig erkennen. Dann sind sie überrascht und reagieren entsprechend aufgebracht. Meist ist das der Fall, wenn ein beteiligtes Kind aus irgendeinem Grund nicht rechtzeitig die Notbremse zieht und *„Nein"* sagt.
- *Wenn Worte nichts (mehr) nutzen.* Manchmal reichen die verbalen Kompetenzen der Kinder einfach nicht aus. Dann probieren sie andere Formen aus. Sie sind aber zuweilen bereits so erschöpft oder enttäuscht über das Misslingen verbaler Einigungsversuche, dass sie zu rohen Mitteln greifen.
- *Wenn Kinder über ungleiche Fähigkeiten verfügen.* Das ist z. B. der Fall, wenn eine Seite wort*gewaltiger* ist als die andere. Das ist häufig zwischen Mädchen und Jungen zu beobachten. Auch das Alter, die Körpergröße, die Kraft und nicht zuletzt eine eventuelle Parteinahme der Erzieherin spielen eine Rolle. Die aufgebrachte, teilweise hitzige und rabiate Reaktion ist dann als Versuch zu werten, die Ungleichheit auszugleichen.
- *Wenn die Botschaft eindeutig mitgeteilt werden soll.* Dieser Grund wird wohl am häufigsten übersehen oder unter die Kategorie „unerlaubt" eingeordnet. Es gibt immer wieder Situationen, in denen eine Seite der anderen etwas unmissverständlich klar machen will. Situationen, in denen die Kinder eben *nicht* verhandeln, sondern das eigene Interesse verstärken möchten. Sie wollen sich dann einer Auseinandersetzung verweigern und auf ihren Vorhaben, Rechten oder Interessen bestehen. Erwachsene kennen dieses Gefühl gut aus Situationen, in denen sie Grenzen setzen. Dann wollen auch sie sich „nicht auf Diskussionen einlassen", sondern bloß, dass ihre Botschaft eindeutig ankommt.

---

[63] Dittrich u. a. 1997.

Insbesondere wenn Kinder, von denen Erwachsene immer wieder ein streitbares Verhalten vermuten in Konflikte verwickelt sind oder sie ausgelöst haben, wird es problematisch. An dieser Stelle wird bewusst der gängige Begriff der „aggressiven" oder „auffälligen" Kinder vermieden. Das sind Zuschreibungen durch Erwachsene, die von den eigentlichen Bedürfnissen und Interessen ablenken. Deshalb ist es sinnvoller, von *Kindern mit besonderen Bedürfnissen* zu sprechen.

Wir ordnen uns auch nicht in die Reihen derjenigen ein, die rasch eine Pathologisierung vornehmen, von AD(H)S sprechen oder eine andere „Störung" diagnostizieren. Hier handelt es sich um Begriffe, die zwar ein beobachtbares Symptom beschreiben und somit eine spezielle Betrachtungsweise eröffnen, die Kinder jedoch in Schubladen sortieren und ihnen persönlich „Störungen" zuschreiben. „Störungen" können jedoch nur in einem interaktiven *Kontext* begriffen werden. Dieser Zusammenhang wird selten ausreichend thematisiert. Pathologisiertend Begriffe verschweigen auch, wie Kinder sich selbst erleben, nämlich dass sie ganz konkrete Interessen und Anliegen haben. Es sind eben Kinder mit *besonderen* Bedürfnissen. *Darin* unterscheiden sie sich vor allem von anderen.

Jede Erzieherin kennt die Situation, wenn ein Kind „ausrastet", kaum mehr zu „bändigen" ist, „blindwütig" zerstört oder dermaßen verzweifelt ist, dass es zunächst unmöglich ist, mit ihm ins Gespräch zu kommen. Die allermeisten Erzieherinnen erleben solche Situationen als außerordentlich belastend. Sie empfinden das Verhalten der Kinder als gegen sie selbst gerichtet oder erleben heftige Versagensgefühle. Wiederholt sich die Störung, beginnen sie am Beruf zu zweifeln oder entwickeln teilweise heftige Gegen- und Abwehrreaktionen. Plötzlich spüren sie Ablehnung gegen das bestimmte Kind und machen sich Vorwürfe.

Zunächst: Zur Konfliktkultur gehört auch das Eingestehen von Grenzen. Wie im wirklichen Leben, kann auch im Kindergarten nicht alles gelöst werden, die eigenen Grenzen müssen akzeptiert und im Ernstfall muss auf professionelle Hilfe zurückgegriffen werden.

Dennoch ist es sinnvoll, sich eingehender mit auffälligen Störungen und dem Umgang damit zu befassen. Jede Störung sagt uns etwas. Entweder enthält sie Mitteilungen über Störungen im Beziehungssystem[64] und/oder den Strukturen des Zusammenlebens. Dann geht es darum, *wie* miteinander kommuniziert wird, welche Beziehungs*muster* wirken oder in welchen wechselseitigen Beziehungen äußere Faktoren und individuelles Handeln stehen.

Die Störung kann auch als Selbstmitteilung[65] des störenden Kindes gelesen werden. Dann müssen wir das Verhalten als Versuch begreifen, *„eine bestimmte Krisensituation, in der sich das Kind momentan befindet, zu bewältigen. Mit seinem auffälligen Verhalten teilt es etwas von sich mit, das schmerzlich ist und nach Veränderung ruft. Wenn (...) Sprache fehlt, um sich zu artikulieren, dann müssen wir davon ausgehen, dass das Kind bewusst nichts davon weiß bzw. wissen will, was es leiden lässt."*[66] Das Kind handelt nicht aus „bösen" Motiven heraus, sondern benutzt einfach ungewöhnliche Ausdrucksmittel.

Immer wieder schlussfolgern Erzieherinnen übereinstimmend, solchen Kindern gehe es *„nur darum, Aufmerksamkeit zu bekommen"*. Das stimmt zwar, wenn wir das Wörtchen „nur" weglassen, es hilft aber nicht weiter. Die Frage danach, *worauf* das Kind aufmerksam machen möchte oder genauer: unbewusst aufmerksam macht, ist damit noch nicht beantwortet. In der Regel sind für diese Entschlüsselungsarbeit viele zugewandte Beobachtungen und vor allem häufige Reflexionen erforderlich, am besten mit professioneller Hilfe.

Solche ausgesprochen schwierigen Situationen beinhalten eine wichtige Botschaft: Manfred Gerspach beschreibt sie tref-

---

[64] Zur systemischen Sichtweise: Piontek 2003 und Wolter 1997.
[65] Gerspach 2003.
[66] Ebd. S. 41.

fend: *„Halte es bitte aus mit mir"*, *„denn ich bin auf der Suche nach jemand, der mich endlich versteht und mir hilft."*[67]

Auszuhalten ist das nur, wenn es gelingt, das ganze Kind zu sehen und sich auch an die Momente zu erinnern, in denen die Beziehung als entspannt und wohltuend erlebt wurde.[68] Es gilt, das störende Kind anzunehmen, ihm eine stabile Beziehung zu bieten, über die ganz allmählich auch andere Sprachen für das, was das Kind ausdrücken möchte, gefunden werden können.

Häufig ist es die über einen längeren Zeitraum gehende Aufgabe der Erzieherin, die Gefühlsinhalte, die das Kind schmerzen, zu verbalisieren. Dazu muss sie sich einfühlen und benennen, was sie spürt. Das sind nur Hypothesen, aber das Kind wird zeigen, ob sie zutreffen oder nicht. Sie kann sich etwa neben ein störendes Kind stellen und vermutend formulieren: *„Ich glaube, du bist deshalb so wütend, weil ..."* Wir glauben, dass auffallende Kinder vor allem empathische Beziehungspersonen brauchen, denen es gelingt, deren Gefühle wahrzunehmen und helfen, diesen Ausdruck zu verleihen.

Aber genau das ist im Ernstfall manchmal schwer, denn schließlich sagt die Störung auch etwas über die Erzieherin aus, die das Verhalten stört. Sie ist nicht nur Betrachterin der Szene, sondern selbst ein Teil davon. Häufig besteht das Problem darin, dass sie nicht bewusst erkennt, wo ihre eigenen sensiblen Bereiche sind, wenn sie mit Unverständnis, Ärger oder sogar Ablehnung reagiert und damit die Situation noch verschärft. Niemand sollte sich deshalb Vorwürfe machen oder mit schlechtem Gewissen reagieren.

---

[67] Ebd.

[68] Dafür sind die schriftlichen Beobachtungen aus der Distanz, bei denen fünfzehn Minuten lang alles aufgeschrieben wird, was man sieht und hört, nichts aber davon, was man denkt, fühlt oder interpretiert, besonders geeignet. Sie erlauben es dem beobachteten Kind, der Betrachterin etwas Unerwartetes von sich zu zeigen, weil ihr Blick nicht bereits zielgerichtet vorher auswählt, was sie sehen will. Dazu besonders: Kazemi-Veisari 1999 und 2003.

Erzieherinnen sollten sich in diesen Fällen auf die Suche begeben, welche eigenen Anteile hier angesprochen werden und auf welche Übertragungen sie mit Gegenübertragungen reagieren. Als Teil der störenden Interaktion sind auch sie gefordert ihr Verhalten zu reflektieren.

Zusammenfassend sei an dieser Stelle Folgendes festgehalten:

1. *Eine Störung wird nur dann zur Störung, wenn jemand sie als solche erlebt und definiert.* Erst in der Interaktion mit anderen wird ein bestimmtes Verhalten zur Störung. Es gibt also demnach keine „Störenfriede", sondern nur *jemanden* störende Verhaltensweisen. Wenn diese stören, ist die Person, die die Störung anspricht, über eigene Anteile beteiligt. Es hilft nicht weiter, das einzelne Kind dafür verantwortlich zu machen. Fragen, die hier zu stellen sind, lauten daher: *„Was stört mich daran? An was erinnert mich das?"*

2. *Jede Handlung hat einen Sinn!* Jede Störung beinhaltet also eine Botschaft. Jede Störung ist auch ein Beziehungsangebot, wenngleich gesagt werden muss, dass das in diesen Fällen besonders schwer zu entschlüsseln ist. Hier können deshalb folgende Fragen gestellt werden: *„Was hat das störende Kind von seinem Verhalten? Welchen Sinn macht es für das Kind? Was teilt es mir über sein Verhalten mit? Welche schlimmere Situation wurde dadurch verhindert?"*

4 Erwachsene untereinander

4.1 „Wir streiten uns auch" – Uneinigkeit unter Erwachsenen

Auch Erzieherinnen streiten sich. Sie streiten um das beste pädagogische Konzept, um die sinnvollste Regel, um Zuständigkeiten, Verantwortlichkeiten oder Vertretungsregelungen. Hier müssen unterschiedliche Interessen, Sichtweisen und Positionen abgesteckt, geklärt und vereinbart werden. Jedes Team braucht dafür ein gutes Konfliktmanagement. Spätestens wenn Konflikte unter Erwachsenen zu eskalieren drohen, ist eine Supervision gefordert. Hier handelt es sich um Konflikte, die Erwachsene ausschließlich unter sich austragen müssen. Auch das hat Auswirkungen auf die Streitkultur eines Kindergartens insgesamt. An dieser Stelle sei auf die umfangreiche einschlägige Literatur verwiesen[69]. In diesem Kapitel geht es jedoch vielmehr um die „ganz normalen" und alltäglichen Meinungsverschiedenheiten, die auch Kinder miterleben.

Solche Differenzen, Missklänge oder Uneinigkeiten entstehen unter Erzieherinnen vor allem als Folge unterschiedlichen Umgangs mit Kindern. Wer hier was wie macht, das wird untereinander eifrig und aufmerksam beobachtet und einer permanenten Begutachtung unterzogen. Besonders Praktikantinnen spüren diese Art kollegialer Kontrolle.

Aus Angst, die Kinder könnten der Erzieherin willkürlich „auf der Nase herumtanzen", gilt in vielen Teams noch immer das Dogma von der Einigkeit in der Erziehung. *Unvermeidbare*

---

[69] Z. B. Burchat-Harms 2000, Schwarz 1997 oder Besemer 2000.

Unterschiede sollen von Kindern möglichst fern gehalten werden. Am besten wäre es natürlich, wenn sie erst gar nicht auftauchen würden. Sie werden nicht als produktive, verändernde Kraft und kreativer Pool, sondern als störend erlebt. Wie ein Tabu werden die eigenen Unterschiede und Streitpunkte oft mit einem Mantel des Schweigens umhüllt. In manchen Teams setzt sich diese Taktik auch fort, wenn die Erwachsenen unter sich sind – mit allen bekannten Folgen. Kindern gegenüber wenden Erzieherinnen noch immer viel Mühe auf, eine Mauer der Einigkeit zu errichten, die nur schwer angekratzt werden kann. Die Entscheidung, auf unvorhergesehene Situationen in eigener Verantwortung zu reagieren und nicht erst im Team „zu besprechen", wird häufig argwöhnisch missbilligt.

Diese Art, Konflikte von Kindern fern zu halten, hat nichts mit der pädagogischen Absicht gemeinsam, Kinder nicht mit eigenen Zwistigkeiten zu belasten und damit zu überfordern. Es geht auch nicht darum, Kinder auf die eigene Seite zu ziehen und sie auf diese Weise für die eigenen Interessen (und zuweilen auch gegen die von Kolleginnen) zu instrumentalisieren.

Uns geht es um die Situationen, in denen unterschiedliche Sichtweisen und Handlungen als alternative Angebote für Kinder zu sehen sind. Es sind weiterhin Situationen, in denen Kinder ein Recht auf Transparenz haben, weil sie von Entscheidungen betroffen sind oder sie von sich aus nachfragen. Eine offene Konfliktkultur braucht auch einen unverkrampften und durchlässigen Umgang mit den Meinungsverschiedenheiten der Erwachsenen.

Ein Streitpunkt in vielen Teams sind die Regeln, auf die sich Erwachsene meist mühsam geeinigt haben. Einmal abgesehen davon, dass einseitig von Erzieherinnen festgelegte Regeln[70] die Ausnahme sein sollten, werden sie sehr oft unterlaufen, vergessen oder nicht auf die Situation bezogen, in der die Erzieherin

---

[70] Vgl. Klein 2000, S. 31 ff.

gerade handeln muss. Sie passen dann nicht mehr zur Wirklichkeit, woraus Schwierigkeiten entstehen. Wie soll die Erzieherin handeln? Starr an der Regel festhalten oder den Streit mit der Kollegin riskieren? Oft wird ein Weg gesucht, der möglichst beides umgeht: Die Regel wird entweder stillschweigend unterlaufen – was häufig bestritten wird – oder es wird *„einmal eine Ausnahme"* gemacht. Das Team hat ein Problem, wenn sich die Ausnahmen ansammeln.

Am folgenden Beispiel sollen mögliche Handlungsweisen im Umgang mit konträren Sichtweisen unter Erzieherinnen betrachtet werden.

> In einem Kindergarten ist der „sachgerechte Umgang" mit Kleber das Thema. Die Kinder haben entdeckt, was man alles damit anfangen kann. Besonders beliebt sind: Kleber-Pantsche, Kleber-Spinnweben und Kleber-Klumpen. All das entsteht, wenn man Kleber (nicht zu knapp) in Wasser schüttet. Dort verhält sich Kleber auch anders als Leim. Wenn beides trocknet, ist wieder ein Unterschied zu beobachten. Wie kann Kleber wieder von den Fingern, vom Tisch oder vom Pullover entfernt werden?

Eine Erzieherin sieht hierin eine Verschwendung. Sie möchte die Kinder von ihrer „Schweinerei" abhalten und das Pantschen mit Kleber verbieten. Es fällt ihr sehr schwer, das nicht zu tun und stattdessen von „Kleber-Experimenten" zu sprechen, wie ihre Kollegin. Das Hin-und-her der Argumente bringt beide nicht weiter. Zu unterschiedlich sind die Sichtweisen, zu verschieden die persönliche Betroffenheit. *„Wenn das alle machen würden, hätten wir bald keinen Kleber mehr"* steht der Argumentation *„Ja, aber die Kinder haben eine wichtige Erfahrung gemacht"* gegenüber. Die Erzieherinnen können sich nicht einigen. Der Streit um eine vordergründig triviale Angelegenheit droht auf die persönliche Ebene zu rutschen. Wer setzt sich schließlich durch? Mit Hilfe welcher Bündnisse? Und bald geht es um Macht und darum, wer hier wem wie viel zu sagen hat. Wenn beide bei ihrer Meinung bleiben, wird der Konflikt, wenn auch nicht unbedingt an dieser Stelle, so doch nach und nach eskalieren und sehr grundsätzlich geführt werden.

Der Ausweg lautet: Beide geben sich *unterschiedliche Erlaubnisse*. Sie sind sich darüber einig, unterschiedlich zu sein, nicht zähneknirschend oder nachgebend, sondern mit offen ausgesprochener gegenseitiger Erlaubnis. Unterschiedlichkeit wird dabei als kreative Spannung erlebt. Die Interessen *beider* finden Berücksichtigung, nicht als Kompromiss, sondern gleichberechtigt nebeneinander. Unterschiedliche Erlaubnisse können deshalb stark entlastende Wirkung haben. Gleichzeitig machen erst die verschiedenartigen Verhaltensweisen und deren Folgen eine *gemeinsame* Reflexion möglich, weil *beides* in der Wirklichkeit erfahren werden kann und nicht bloß als Idee in den Köpfen existiert.

Kinder werden in diesem Konzept zu selbstbestimmten Akteuren. Der partizipatorische Gewinn dabei ist enorm. Sie werden aktiv beteiligt. Ihr Umgang mit der Unterschiedlichkeit der Erwachsenen hat Gewicht. Sie bekommen Einfluss, aber tanzen niemandem auf der Nase herum. Im Gegenteil: Sie erleben sich als handelnde Subjekte, wertgeschätzt und beachtet. Sie können deshalb Wertschätzung zurückgeben, und zwar *beiden* Erzieherinnen, nicht trotz ihrer Unterschiedlichkeit, sondern gerade deshalb.

Differenzerfahrung macht stark. Wenn Kinder Erwachsene in ihrer Unterschiedlichkeit erleben können, so eröffnet sich ihnen die Möglichkeit, selbst persönliche Wünsche und Interessen als zur eigenen Person gehörend zu erleben. Daraus entwickelt sich Selbstwert und Eigenständigkeit, eine wichtige Basis, von der aus es dem Kind möglich wird, sich für andere Sichtweisen zu öffnen und sie schließlich in das persönliche Handlungsrepertoire aufzunehmen. Erst individuelle Entfaltung und das Gefühl eines eigenen Wertes lässt zu, sich wertschätzend auf Verschiedenheit einzulassen.

Nichts macht Kinder hingegen handlungsunfähiger als die einheitliche Erwachsenenfront, die auch dann zusammenhält, wenn die Risse darin schon längst unübersehbar sind. Kinder spüren die Differenzen, können jedoch nicht aktiv darauf Einfluss nehmen. Damit Kinder das Gefühl der Ohnmacht gegenüber Erwachsenen loswerden können, sind sie gezwungen, sich zu wehren. Sie positionieren sich, ergreifen innerlich Partei für die eine oder andere Erzieherin und spielen sie bewusst oder unbewusst *gegeneinander* aus oder verschaffen sich durch aggressive Verhaltensweisen neuen Spielraum.

Fehlende Differenzerfahrung schränkt zudem die Gelegenheiten, Empathie zu entwickeln gehörig ein. Weil die Hintergründe der Differenzen unklar bleiben, können Kinder auch die persönlichen Beweggründe der Erwachsenen nicht nachvollziehen. Sie sind auf eigene Interpretationen angewiesen und suchen schließlich die „Schuld" für die Missstimmung bei sich selbst.

Gehen hingegen Erwachsene offen, aber nicht herabwürdigend, mit ihren unterschiedlichen Sichtweisen und Interessen um, gewinnen die Kinder nicht nur Entscheidungs- und Handlungsspielraum hinzu. Dann wird zugleich erlebbar, dass Gemeinschaft auch ein Resultat ausgetragener Differenzen und durchstandener Konflikte ist.

Damit das funktioniert, muss im Team geklärt werden, wie mit Prozessen umgegangen werden kann, deren Ausgang nicht klar vorhersehbar ist. Sich flexibel auf Prozesse mit offenem Ausgang einzulassen, ist Voraussetzung jeglicher ernsthaften Beteiligung von Kindern. Wenn Erzieherinnen Kindern ihre Differenzen offenbaren und sie damit ebenfalls zu Akteuren machen, müssen sie auch damit rechnen, dass sie nicht mehr alleine diejenigen sind, die bestimmen, wo es lang geht. Aber eben das ist ja gewollt.

Kehren wir zu dem o. g. „Kleber-Konflikt" zurück und schauen, wie das in der Praxis aussieht. Die Erzieherinnen, nennen wir sie Claudia Meier und Alexandra Schmidt, geben sich die Erlaubnis, entsprechend der jeweiligen Sichtweise verschieden zu reagieren. Sie vereinbaren, dies den Kindern genau so mitzuteilen. Sie verständigen sich auf einen gemeinsamen Sprachgebrauch. Als Kinder wieder mit Kleber experimentieren bzw. pantschen, spricht Claudia Meier sie an: *„Ich kann das nicht sehen, wie ihr mit dem Kleber umgeht. Ich empfinde das als Verschwendung. Hört bitte damit auf."*

Alexandra Schmidt hingegen lässt die Kinder gewähren. Die Kinder fragen nun nach, weshalb sie bei ihr Experimente unternehmen dürfen und bei Claudia Meier nicht. *„Claudia kann das nicht sehen. Für sie ist es Verschwendung, wenn Kleber einfach so in Wasser schüttet wird. Mir macht das nicht so viel aus. Ich sehe, dass ihr ja auch viel ausprobiert, Spaß daran habt und lernt."* In der Folge reden die Kinder öfter mit beiden Erzieherinnen über deren Ansichten. Von selbst werden sie zurückhaltender und etwas sparsamer im Umgang mit Kleber, haben aber weiterhin die Erlaubnis für ihre Experimente. Im Alltag wird die Frage *„Kannst du das sehen?"* fast zum geflügelten Wort. Immer, wenn die Kinder wissen wollen, ob sie etwas dürfen oder nicht, fragen sie: *„Alexandra, kannst du das sehen?"* und wenn nicht, fügen sie hin zu: *„Dann fragen wir Claudia, ob sie es sehen kann."*

Mittlerweile ist für Kinder und Erwachsene ganz selbstverständlich, dass offen mit Differenzen umgegangen wird und dass darüber auch gesprochen werden kann. Heimlichkeiten sind nicht mehr notwendig. Wenn eine Erzieherin etwas verboten hat, das die andere vielleicht *„sehen könnte"*, erzählen die Kinder das von selbst. Sie müssen nicht erst danach gefragt werden, was die Kollegin gesagt hat. Und nicht immer sind sie einer Meinung. Manchmal lautet die Antwort auch so: *„Ja, ich hätte nichts dagegen, aber das hat jetzt die Claudia entschieden und ich möchte, dass ihr euch jetzt daran haltet."*

Auf diese Art werden Meinungsverschiedenheiten und Interessengegensätze sowie der Streit darum zur Selbstverständlichkeit. Sie werden aus der Katastrophen-Ecke herausgeholt und damit einer unaufgeregten Betrachtung zugänglich gemacht. Wenn dann doch Einigung notwendig wird, können erst jetzt alle auf der Grundlage wechselseitiger Anerkennung dazu beitragen. Ihre jeweilige Bewertung basiert auf *realen* und *gemeinsamen* Erfahrungen.

4.2 „Streiten ist erlaubt!" – Konflikten Raum geben

Weil Konflikte und die damit verbundenen Aushandlungen und Interaktionen Kindern wichtige Lernchancen bieten, sollte ihnen bewusst Raum gegeben werden. Erzieherinnen sollten versuchen, Konflikte anzusprechen und Tabus darüber zu vermeiden. Damit das gelingt, sind die Erzieherinnen gefordert, grundsätzliche Einigkeit darüber zu erzielen, dass sie das wollen. Deshalb hat das Kapitel seinen Platz an dieser Stelle. Es geht also um Aspekte, die auf dem Weg zu einer Streitkultur im Team besprochen werden sollten.

Konflikten „Raum" zu geben bedeutet zum einen, ihnen im wörtlichen Sinn einen Ort oder Platz zu verschaffen. Angesprochen ist aber gleichzeitig die übertragene Bedeutung: Konflikte brauchen Zeit und Gelegenheit.

Raum

Erzieherinnen beklagen immer wieder die große Anzahl der Kinder in kleinen Räumen und meinen, das alleine steigere bereits das Konfliktpotenzial. Die Öffnungsbewegung der neunziger Jahre ist vor allem ein Reflex auf die räumliche Enge in geschlossenen Gruppen. Kindern soll damit mehr Bewegungsfreiheit und damit einhergehend auch neue Handlungs- und Entscheidungsspielräume zugestanden werden. Grundsätzlich ist zu sagen: Jede

Art von Öffnung trägt dazu bei, das Konfliktpotenzial zu senken.

Gleichzeitig muss jedoch bedacht werden, dass räumliche Enge nicht von selbst zu mehr Streitereien unter den Kindern führt. Forschungsergebnisse[71] und praktische Erfahrungen zeigen, dass dem nicht so ist.

So lassen sich immer wieder ungestörte Spielgruppen von Kindern auf engstem Raum beobachten. Kinder wünschen sich sogar Kleinräumigkeit und richten sich selbst immer wieder höhlenartige Treffpunkte und Spielzonen ein. Sechs bis acht Kinder in einer engen Bauecke mit nur sechs Quadratmetern oder vier Kinder in einer kombinierten Lese-, Puppen- und Ausruhecke, die nicht mehr als zwei Quadratmeter misst, können nebeneinander und miteinander ohne Streit spielen. Jede Erzieherin weiß auch, dass zahlenmäßige Begrenzungen eigentlich wenig nutzen. Zwei Kinder können in einem sehr großen Raum ebenso heftig aneinandergeraten wie sich viele Kinder in engen Verhältnissen sehr gut arrangieren können.

Offensichtlich unterscheiden sich subjektives Engegefühl und Wohlbefinden von objektivem Gedränge. Woran liegt das? Drei Dinge sind entscheidend, damit wenig Platz und subjektives Wohlbefinden vereinbar sind:

1. Es muss genügend Material für die Aktivitäten der Kinder vorhanden sein. In einer Bauecke können sich beispielweise auch in größerer Enge wundervolle Spielideen entwickeln, wenn nur genügend Baumaterial zugänglich ist. Dann nehmen die Kinder Rücksicht aufeinander, steigen ganz vorsichtig über die Bauwerke oder passen genau auf, wie sie sich bewegen, um keine Bauwerke zu zerstören. Streit entsteht dann, wenn von allem zu wenig da ist.

2. Die Enge wird freiwillig gewählt, aus welchen Gründen auch immer. Manchmal lässt sich beobachten, dass Kinder von sich aus die Beengtheit scheinbar überfüllter Spielbereiche

---

[71] Smith/Connoly 1980.

wählen, aber nicht um mit anderen zu kooperieren. Zuweilen reicht es ihnen aus, dabei zu sein. Sie empfinden die Nähe der Anderen als angenehm.

3. Die dritte Bedingung hängt eng mit der Freiheit der Raumwahl zusammen: Es braucht Ausweichmöglichkeiten mit genügend Bewegungsraum. Alleine die *Möglichkeit und Freiheit,* woanders hingehen zu können, wenn man möchte, erleichtert den Aufenthalt in engen Räumen.

Attraktives Rollenspielmaterial, Werkstätten mit Werkzeug und verschiedensten Materialien, Bewegungsbaustellen, Platz für großräumige Spiele und die Möglichkeit, über längere Zeiträume hinweg daran zu arbeiten, sind notwendige Ergänzungen zu räumlicher Enge und können fast überall bereitgestellt werden. In vielen Fällen ist dieser Zuwachs an Gestaltungs- und Bewegungsspielraum nicht ohne Öffnungskonzepte zu erreichen.

In Räumen mit nicht festgelegtem Spiel- und Arbeitsmaterial haben Kinder ungleich mehr Möglichkeiten, die Dinge selbstbestimmt zu gebrauchen. Andererseits macht nicht festgelegtes Material oft Verhandlungen notwendig. Weil der Verhandlungsspielraum in diesem Fall aber fast unbegrenzt weit ist, können immer wieder neue kreative Lösungen gefunden werden, ohne dass es zum eskalierenden Konflikt kommt.

Gelegenheit

Mit sozialen Regeln wird häufig die Hoffnung verbunden, sie könnten Konflikte lösen oder gar verhindern. Sicher trifft das in gewissem Maße zu. An dieser Stelle sollen die Nachteile von manchen Regeln betrachtet werden.

Erwachsene, die zu viel für Kinder oder genauer gesagt *an deren Stelle* regeln, berauben Kinder ihrer Möglichkeiten, sich selbst bewusst einzumischen. Sie übersehen, dass Kinder eigentlich den

ganzen Tag damit beschäftigt und wahre Meister im Erfinden von
gegenseitig akzeptierten Verhaltensregeln sind. Alles muss fast
täglich neu ausgehandelt werden: Wer welche Rolle im Rollenspiel übernimmt, wer wo mitspielen darf, wer wann an der Reihe
ist usw. In schwierigen Situationen greifen Kinder von sich aus
auf Regeln zurück, die sie von Erwachsenen kennen: *„Erster!"*
oder die sie selbst erfinden: *„Hier ist die Sicherheit!"*. Auch scheinbar festgelegte Spielregeln werden von Kindern unablässig neu erfunden und variiert: Wann gibt es beim Fußballspielen Einwurf?
Wie soll man dabei werfen? Darf der Schiedsrichter auch ein Tor
schießen? Welche kleinen oder großen Mogeleien darf man bei
einem Brettspiel durchgehen lassen? Für einen Fußballkicker hatten Kinder in Wiesbaden fast 80 Regeln erfunden, davon alleine
ca. zehn verschiedene für die Frage, wie der Ball von der Seite ins
Spielfeld zurückgebracht wird. Und in einer Freiburger Kindertagesstätte sind es sogar 120 Regeln, die Kinder für eine winzige
Kuschelecke[72] gefunden haben.

Beobachtet man Kinder dabei, wie sie mit eigenen Regeln
umgehen, entdeckt man, wie sie ausprobieren, verwerfen, verändern, variieren und wieder neu ausprobieren. Man entdeckt,
dass sie dafür Erwachsene eigentlich nicht oder zumindest selten
brauchen.

Je mehr also Erwachsene vorgeben, um so seltener können
Kinder auf ihre eigene Fähigkeit zurückgreifen, Dinge zu regeln
und Interessen auszuhandeln. Schließlich gewöhnen sie sich
daran, dass andere etwas für sie regeln. Das eigenständige Aushandeln von Interessen und Sichtweisen wird dabei durch verschiedene Strategien ersetzt, wie am besten die Macht der Erwachsenen für sich zu instrumentalisieren ist.

Regeln von Erwachsenen können auch ganz unmittelbar Auslöser von Konflikten unter Kindern sein. Am deutlichsten wird
das vielleicht bei den unter Erzieherinnen noch immer außer-

---

[72] Klein/Roser 2003.

ordentlich beliebten zahlenmäßigen Begrenzungen von Spielflächen. Nehmen wir an, vier Kinder haben einen Spielbereich „besetzt", der für vier zugelassen ist. Zwei weitere möchten dort ebenfalls gerne spielen. Einer von ihnen, Max, ist zufällig der Freund von Leo, der bereits am Spielgeschehen teilnimmt. Leo wünscht sich, dass Christoph geht und Max dazukommen kann. Und schon beginnt der Streit: *„Christoph, du musst jetzt raus. Du bist schon lange drin, der Max will jetzt auch mal." – „Wir sind aber vier! Der Max darf nicht!" – „Doch, du bist schon lange drin."* ... Könnten die beiden einfach dazukommen, würden sich vielleicht sechs statt vier Kinder den Raum teilen. Die Kinder hätten zumindest eine Chance, eigene Regelungen für die veränderte Situation zu finden.

Sehr konfliktträchtig sind auch die Gleichheitsvorstellungen Erwachsener, z. B. beim Aufräumen. Statt zu fragen: *„Wer hat Lust, mit mir aufzuräumen"* und darüber ins Gespräch zu kommen, gehen sie direkt vor und verlangen von jedem das Gleiche. Diese vereinfachenden Vorstellungen, Gleichheit sei Grundlage der Gerechtigkeit, lösen Streitereien darüber aus, wer wann wie viel aufgeräumt oder wer wann was benutzt hat.

Wir plädieren dafür, Verhaltensregeln so wenig wie möglich vorzugeben und stattdessen darüber den Dialog zu führen. Das würde bedeuten, in den meisten Situationen konkret mit den jeweiligen Beteiligten Regelungen auszuhandeln. Vor allem aber würde diese Vorgehensweise bedeuten, Kinder selbst nach Regelungen suchen zu lassen und sie dabei als kompetente Ratgeber anzusprechen.

Typische Situationen, in denen Erwachsene Konflikte unter Kindern erst provozieren, sind solche, in denen sie Strukturen vorgeben, die nicht mit den Bedürfnissen der Kinder übereinstimmen. Eine Vielzahl solcher Situationen sind im Kindergartenalltag zu beobachten: Das Quengeln, das entsteht, wenn Kinder ins Freie wollen, aber warten müssen, bis alle fertig sind. Das Zerren und Knuffen, wenn sie beim Essen warten müssen, bis alle etwas auf dem Teller haben, bevor gegessen wird. Das Schubsen und Treten, wenn beim Vorlesen alle Kinder die Bilder im Buch sehen wollen. Das Hin-und-her-Gerücke, wenn Kinder zur Stuhl- kreisteilnahme gezwungen werden. Statt sich dann zu ärgern oder gar mit Strafen zu reagieren, wäre es angebracht, das Problem mit einer einfachen Frage anzugehen: *„Was machen wir jetzt?"*

Zeit

Aushandlungsprozesse brauchen Zeit. Vieles regelt sich nicht auf die Schnelle, schon gar nicht, wenn Gefühle im Spiel sind. Sich dann zurückzuhalten, sich nicht sofort einzumischen und gege- benenfalls den richtigen Zeitpunkt abzuwarten, das ist eine echte Kunst. Eine Erzieherin, die sich zurücknimmt, aber den Kindern vermittelt, dass sie jederzeit unterstützen kann, signali- siert den Kindern: „Ich traue euch etwas zu, probiert es aus, im Notfall bin ich für euch da." Wer tröstet, muss sich ganz auf das Kind konzentrieren. Wer klärend hilft, ebenfalls.

4.3 „Konflikte machen stark!" – Konflikte als Teil des pädagogischen Konzepts

Wir haben in ca. 30 nach dem Zufallsprinzip ausgewählten, ganz unterschiedlichen Konzeptionen danach gesucht, in welcher Weise das Thema Konflikte berücksichtigt wird. Dabei handelt es sich sowohl um Konzeptionen einzelner Kindergärten wie um Rahmenkonzeptionen von regionalen und überregionalen Trägern. Zunächst fällt auf, dass es in *keiner einzigen* dieser Kon- zeptionen einen eigenständigen Gliederungspunkt für das Thema gibt. Die Begriffe „Konflikt", „Streit" oder gar „Streitkul- tur" fehlen sogar in vielen Konzeptionen *vollkommen*. Wenn von Konflikten die Rede ist, dann in Form von Anforderungen an die Kinder, *„Konflikte selbstständig zu lösen"*, zu *„lernen, Konflikte gewaltfrei auszutragen"*, oder als Regeln wie etwa: *„Reden statt Schlagen!"*.

Nur in drei Fällen werden Konflikte explizit als Lernfeld angesprochen. In der Konzeption eines Freiburger Kinderhauses heißt es: *„Konflikte geben die Möglichkeit, eigene Grenzen und die der anderen kennen zu lernen oder zu erfahren. Die Bewältigung von Konflikten gehört zu unserem Alltag."* Eine Oldenburger Einrichtung formuliert als einzige die Rolle von Erzieherinnen im Konfliktfall: *„Haben Kinder einen für sie unlösbaren Konflikt miteinander, greifen wir helfend ein. Wir fragen, worum es geht, und beraten mit den Kindern gemeinsam über verschiedene Lösungsmöglichkeiten (…) Wir (…) wollen nach und nach lernen, eigene Gefühle und Gefühle der Kinder zuzulassen und auszuhalten, z. B. die Trauer der Kinder verstehen und sie nicht ‚wegzutrösten', Konflikte wahrzunehmen und nicht mit unserer Autorität ‚wegzudrücken' (…)"*

Und nur in einem einzigen Fall, in den „Grundsätzen der pädagogischen Arbeit in der Kindertagesstätte" vom Land Brandenburg herausgegeben, ist die Rede von einer Streitkultur, wenn auch nur ganz vorsichtig formuliert und in Anführungsstriche gesetzt: *„Zum demokratischen Miteinander darf auch eine ‚Streitkultur' gerechnet werden, die Kinder sehr offen und gelegentlich lautstark pflegen."*

Wir wissen zwar, dass sich Kindertageseinrichtungen regional begrenzt, wie z. B. in Offenbach/Main, sehr wohl und ausführlich mit Konflikten unter Kindern auseinander setzen, aber die Konzeptionen scheinen die allgemein gepflegte und gehegte Vorstellung von einem Kindergarten als (H)Ort der Harmonie widerspiegeln zu wollen, von dem im Kapitel 3.1 die Rede war.[73]

---

[73] Bei der Recherche unter Lehrbüchern für Entwicklungspsychologie an Fachschulen sind wir ebenfalls nicht fündig geworden. In der Darstellung entwicklungspsychologischer Grundlagen tauchen Konflikte unter Kindern erst

Konflikten als alltägliche Erscheinung in Konzeptionen mehr Platz einzuräumen, würde daran rütteln. Erzieherinnen (und nicht nur sie!) beschreiben ihren Alltag offensichtlich lieber harmonisierend. Es sieht so aus, als sei es in vielen Kindertageseinrichtungen notwendig, Konflikte überhaupt erst einmal zu thematisieren und in die Beschreibung der eigenen Praxis einzubetten. Damit das gelingen kann, sind zwei Dinge notwendig:

1. Erzieherinnen müssen untereinander über die eigene Haltung gegenüber Konflikten ins Gespräch kommen und sich mit grundsätzlichen Fragen auseinander setzen, wie wir sie im Kapitel 3.1 aufgeworfen haben. Es muss ihnen gelingen, Konflikte aus der Katastrophenecke herauszuholen. Sinnvoll wäre es, sich dabei auch über die eigenen Konflikterfahrungen auszutauschen.[74]

2. Erzieherinnen brauchen mehr Sicherheit im Umgang mit diesem schwierigen Thema. *Eigene* Ängste und Befürchtungen (nicht gleich auch die der Eltern) könnten relativiert und vielleicht sogar ganz abgebaut werden, würden die ganz alltäglichen Aushandlungsprozesse von Kindern mehr Beachtung finden. Das könnte z. B. in Form eines zeitlich begrenzten Beobachtungsauftrags für alle Teamkolleginnen stattfinden: Was tun die Kinder genau, wenn sie ihre Interessen aushandeln? Wie gehen sie genau vor, wenn sie in Konflikte geraten, und was tun sie für deren Lösung? Dass man sich während der Beobachtung *nicht* einmischen darf, sondern die Distanz zum Geschehen wahren muss, kann Kindern durchaus vorher mitgeteilt werden: *„Wundert euch nicht, dass ich mich nicht einmische, wenn ihr euch streitet. Ich möchte sehen, was ihr selbst macht, um euch wieder zu vertragen. Wenn ihr Hilfe braucht,*

---

gar nicht auf. Soziale Interaktion ist in einem Werk ausführlich behandelt, aber auch hier kein Bezug zu Konflikten unter Kindern!

[74] Vgl. dazu die ausführlichen Hinweise bei Dörfler u. a. 2002, Teil B 1, besonders S. 9 f.

geht bitte zu Susanne. Stellt euch einfach vor, ich wäre gar nicht da." Susanne ist die Kollegin, die für den Fall der Fälle bereitsteht. Auch wenn es Kindern zunächst seltsam erscheint, gewöhnen sie sich leicht an solche Beobachtungen aus der Distanz. Diese sind deshalb so wichtig, weil der eigenen Wahrnehmung sonst zu viel entgeht.[75]

Eine grundlegende Bereitschaft, sich Konflikten positiv zu nähern und die Lernchancen darin zu entdecken, ist notwendig, *bevor* Ziele und Verhaltensweisen konzeptionell festgehalten werden sollen. Am Ende sollte Einigkeit darüber hergestellt sein, dass Konflikte nicht länger als (notwendiges) Übel betrachtet werden, sondern als ganz normaler Interessenausgleich. Ihre Existenz ist dann nicht mehr länger ein Indiz für mögliches Versagen von Erzieherinnen, sondern alltägliche Realität. Wenn diese Einstellung vorhanden ist, könnte sich das Team folgende konkrete Fragen[76] stellen:

- Was tun wir dafür, um zu lernen, mit Konflikten professionell umzugehen?
- Wie verhalten wir uns momentan in Konfliktsituationen? Wo liegen unsere Stärken und Schwächen?
- Wie gehen die Kinder in Konfliktsituationen miteinander um? Welche Kompetenzen, welche Erfahrungen setzen sie ein? Zu welchen Lösungen gelangen sie?
- Wann gelingt es ihnen, ohne fremde Hilfe Konflikte zu lösen?
- Wann brauchen sie Hilfe? Wie zeigen sie uns das?
- Wie könnte in diesem Fall eine Unterstützung aussehen, die die Kinder als Experten in eigener Sache ernst nimmt?
- Welchen Stellenwert haben Aushandlungen mit den Kindern?

---

[75] Mehr dazu bei Kazemi-Veisari 1999 und 2003 und bei Dörfler u. a. 2002, Teil B 2.

[76] Vgl. Dörfler u. a. 2002, Teil A 7, S. 13.

- Inwieweit werden Kinder auch über die aktuelle Konfliktsituation hinaus an Entscheidungen beteiligt?
- Inwieweit lässt der strukturelle Rahmen (Raumgestaltung, Tagesablauf, Regeln, Personalsituation) Kindern und Erzieherinnnen Handlungsspielräume? Was muss verändert werden?
- Inwieweit provozieren Erwachsene selbst Konflikte unter Kindern und wie könnten wir solche Situationen entschärfen?

4.4 „Haben Sie das nicht gesehen?" – Und die Eltern?

Stellen Sie sich vor, drei Kinder streiten sich lautstark. Sie beobachten dieses Geschehen und haben nicht das Gefühl, eingreifen zu müssen. Allerdings stellt sich folgendes Problem ergibt: Gleich ist Abholzeit und viele Mütter und (weniger) Väter treffen im Kindergarten ein. Sie werden unweigerlich mitbekommen, was geschieht. Spüren Sie die Unruhe, die sich plötzlich einstellt? Eben waren Sie noch sicher, dass die Kinder ihren Streit auch ohne Ihre Hilfe regeln können. Und nun?

So schwierig es ist, untereinander im Team die Haltung gegenüber Konflikten zu verändern, noch schwieriger ist es, dafür auch bei Eltern Verständnis zu erlangen. Da ist große Anstrengung notwendig und viel Durchhaltevermögen. Immer wieder werden Eltern die gleichen Fragen stellen: *„Sehen Sie das nicht? Wieso unternehmen Sie nichts?"* Immer wieder wird es Eltern geben, die sich beschweren, wenn ihr eigenes Kind betroffen ist, und auch solche, die lieber selbst eingreifen, statt mit der Erzieherin zu sprechen.

In der Zusammenarbeit mit Eltern können Erzieherinnen gut den Perspektivenwechsel üben. Sie müssen einfach in Rechnung stellen, dass Eltern im Allgemeinen keine pädagogischen Fachbücher lesen, nicht an pädagogischen Fortbildungen teilnehmen. Vor allem aber müssen sie würdigen, dass das eigene Kind mit ganz wenigen Ausnahmen *jedem* Elternteil wichtiger ist, als der pädagogische Weitblick.

Das ist auch gut so, denn die Familie ist das primäre und letztlich Existenz sichernde soziale System für das Kind.

Die Engagiertheit von Eltern für ihr Kind zu würdigen, bedeutet natürlich nicht, jedem Elternwunsch unmittelbar zu folgen. Es braucht aber den Dialog zwischen zwei verschiedenen Experten: Der Erzieherin als Expertin für die Abläufe im Kindergarten und den Eltern als Experten für die Bedürfnisse, Sichtweisen und Lebensentwürfe ihrer Familie. Während Erzieherinnen ihren Blick sowohl auf das einzelne Kind richten, zugleich aber immer auch auf die ganze *Gruppe*, haben Eltern in erster Linie *ihr eigenes Kind* im Auge. Das heißt, sie deuten das, was sie sehen, aus einer ganz anderen Warte heraus als die Erzieherinnen. Beide haben demzufolge *unterschiedliche* Perspektiven. Dieser Unterschied muss zunächst einmal anerkannt werden.

Die Eltern sind Experten für ihr Kind und ihre Fragen sind daher *begründet* und *berechtigt*. Dies so zu sehen, ermöglicht erst den Dialog, man könnte auch sagen, das „Expertengespräch". Eltern als Experten zu betrachten, bedeutet vor allem, sie nicht mehr länger als Adressaten vorgedachter Konzepte zu behandeln. Ihnen darf nicht bloß „erklärt werden", mit ihnen muss aktiv das Gespräch gesucht werden. Damit wird dem Engagement der Eltern für ihr Kind die beste Anerkennung zuteil.

Das ist die eine Voraussetzung für ein Gelingen von Kooperation, trotz verschiedener Betrachtungsweisen. Die andere betrifft die Erzieherin selbst. Sie muss aus der Verteidigungshaltung und der Rechtfertigungsecke heraustreten und Formulierungen wie *„Entschuldigen Sie bitte, dass es hier nicht mehr so friedlich ist"* vermeiden. Sie sollte sich ihrer eigenen Handlung *sicher*, aber nicht überheblich, nicht besserwisserisch, eher interessiert und dialogbereit auftreten. Sie kann gelassen die Situationen angehen, weil sie *begründet* handelt. Es geht nicht um richtig oder falsch. Wer begründet handelt, kann sich bei weitem nicht immer auch eines Erfolges sicher sein. Die Festigkeit, begründet das Risiko einzugehen und etwas geschehen zu lassen, ohne sich unmittelbar einzumischen, kann am besten in Teamgesprächen geübt werden. Momentane Zweifel können Eltern durchaus mitgeteilt werden, wenn sie in durchdachte Handlungskonzepte eingebunden sind.

Gehen wir ganz praktisch an die Sache heran, müssen wir zunächst zwei Situationen unterscheiden: die akute Konfliktsituation und parallele Gespräche nebenher.

In der akuten Konfliktsituation

Eltern sind normalerweise aufgeregt und gefühlsmäßig beteiligt, wenn sie in eine Situation geraten, in der Kinder einen Konflikt austragen. Erzieherinnen können dann beruhigend auf die Eltern einwirken. Da gibt es natürlich unzählige Formen, wie das geschehen kann.

Eltern könnten aufgefordert werden, einen Augenblick abzuwarten und selbst zu beobachten, was geschieht. Sie könnten auch gebeten werden, solange im Personalzimmer oder an einem anderen Platz zu warten: *„Ich habe das im Blick, ich beobachte, was geschieht. Am besten wäre es, wenn Sie einen Moment lang im Personalzimmer Platz nehmen würden. Ich komme dann gleich zu Ihnen."*

Eltern müssen in den akuten Situationen zweierlei erleben: dass ihre Befürchtungen und Ängste von der Erzieherin nicht zurückgewiesen, sondern wahrgenommen und gewürdigt werden, und dass die Erzieherin aufmerksam ihrer Arbeit nachgeht, obwohl sie scheinbar nichts tut.

Wenn Eltern Erzieherinnen auf einen Konflikt aufmerksam machen, den diese gerade nicht verfolgen, könnte das demnach folgende Antwort provozieren: *„Danke, dass Sie mich darauf aufmerksam machen. Wenn Sie vielleicht einen Moment hier warten möchten. Ich gehe mal hin und schaue mir die Sache genauer an."* Oder aber auch: *„Ich verstehe Ihre Sorge. Wir haben deshalb mit* *den Kindern Vereinbarungen getroffen, was sie tun, wenn sie in Konflikten unsere Hilfe brauchen. Ansonsten haben wir uns davon überzeugt, welche Kompetenzen sie selbst einbringen, wenn sie etwas auszuhandeln haben. Deshalb möchte ich mich jetzt nicht so ohne weiteres einmischen. Lassen Sie uns vielleicht einen Moment abwarten und sehen, was geschieht."* Im Anschluss daran ist es wichtig, den Eltern mitzuteilen, *wie* die Kinder die Situation geklärt haben. Gerade das ist eine gute Gelegenheit, den Eltern konkret zu vermitteln, was die Kinder in Aushandlungsprozessen lernen und warum es deshalb wichtig ist, nicht sofort und überhastet einzugreifen.

Wenn sich Eltern selbst in Konflikte unter Kindern einmischen, sind eindeutigere Aufforderungen notwendig, die von Verständnis getragen werden: *„Wäre es Ihnen möglich, sich nicht in den Konflikt der Kinder einzumischen? Wir haben Vereinbarungen mit den Kindern getroffen, was im Konfliktfall geschehen soll. Lassen Sie uns bitte erst einmal darüber ins Gespräch kommen."*

Gespräche und Veranstaltungen für Eltern

Wichtig scheint uns, mit Eltern auch *grundsätzlich* über die veränderte Haltung ins Gespräch zu kommen. Ob Einzelgespräche, Elternabende oder andere Veranstaltungen sinnvoll sind, das hängt von der konkreten Situation vor Ort ab. Wichtig ist, dass das Thema so direkt und so konkret wie möglich angesprochen wird. Es hilft nichts, von „Sozialverhalten" zu sprechen und zu meinen, dann würde das Thema Konflikte unter Kindern einen besseren Wortklang haben. Das Thema direkt zu formulieren, ist bereits ein Signal in Richtung Streit*kultur*.

Als mögliche Titel für Veranstaltungen zum Thema könnten wir uns gut vorstellen: *„Wenn Kinder sich streiten …"* – *„Warum wir Kinder streiten lassen …"* – *„Wie eine Streitkultur in unserem Kindergarten aussehen kann"* oder so ähnlich. Und der Text könnte so beginnen: „*Vielleicht haben Sie beobachtet, dass wir nicht mehr gleich eingreifen, wenn Kinder sich streiten. Vielleicht möchten Sie wissen, welche Gründe wir dafür haben und was unsere veränderte Sicht für Ihr Kind bedeutet ...*"

Weil das Thema viel mit Gefühlen zu tun hat, weil jeder dazu eine Meinung hat und weil es überhaupt ein sehr sensibles Thema ist, möchten wir dazu anregen, auf jeden Fall *produktiv zu plädieren.*[77] Damit ist gemeint, nicht bloß Denkergebnisse mitzuteilen, sondern deren Wurzeln ebenfalls, also

– die eigenen Gefühle, wie damit umgegangen wird und wie sie sich vielleicht verändert haben,
– die Fragen, die gestellt und nacheinander abgewogen wurden,
– die unterschiedlichen Sichtweisen und Meinungen, die es gegeben hat,
– was ausprobiert und eventuell verworfen wurde,
– was alles sonst noch unternommen wurde, um zu der Haltung zu kommen, mit der das Team sich heute an die Eltern wendet.

Es wirkt für Eltern entlastend, wenn sie von all dem etwas erfahren. Die Botschaft ist dann nicht mehr länger: Wir wissen, was richtig ist, und sagen euch jetzt, was ihr falsch seht. Es ist vielmehr die Einladung, an einer bestimmten Stelle des Weges einzusteigen, mitzugehen, auch mitzudenken und Einfluss auf die Richtung zu nehmen. Eltern werden auf diese Weise ermutigt, eigene Hypothesen einzubringen. Die Begründung der eigenen Sichtweise wird Eltern dann nicht als der Weisheit letzter Schluss vorgebracht, sondern als Entwicklungsprozess nachvollziehbar gemacht. Gerade bei Themen, bei denen viele Gefühle im Spiel sind, braucht es Platz für die eigenen Bedenken oder Befürchtungen.

Da Erzieherinnen ihre pädagogischen Argumente im Team besprechen, können sie auch Eltern gegenüber als reflektierte

---

[77] Vgl. Hartkemeyer u. a. 1999, S. 31.

Fachkräfte auftreten und somit als Lernende, die auf dem Weg sind. So wie eine „Erziehung zur Konfliktfähigkeit" nicht erst in der akuten Konfliktsituation beginnen kann, sondern früher und grundlegender, so kann auch der Dialog mit den Eltern über diese wichtigen Fragen nicht erst in der konkreten Konfliktsituation beginnen. Er setzt eine Gesprächskultur voraus, die die Wünsche und die Neugierde der Eltern ernst nimmt, die Eltern „auf dem Laufenden" hält und nicht erst dann um Gespräche bittet, wenn es Probleme gibt.

5 Literatur

Zur besseren Übersicht fügen wir zwei Literaturlisten an: In der ersten finden Sie die im Text angegebene und zitierte Literatur, in der zweiten nach Themenschwerpunkten sortierte Literatur-Tipps.

Zitierte Literatur

Autorengruppe (1987): I cento linguaggi dei bambini – The hundred languages of children. Reggio/Emilia

Baer, Ulrich (Hrsg.) (2001): 666 Spiele für jede Gruppe, für alle Situationen. Seelze-Velber: Kallmeyer

Besemer, Christoph (2000): Mediation. Vermittlung in Konflikten. Königsfeld: Stiftung Gewaltfreies Leben

Bischof-Köhler, Doris (1998): Zusammenhänge zwischen kognitiver, motivationaler und emotionaler Entwicklung in der frühen Kindheit und im Vorschulalter. In: Heidi Keller (Hrsg.): Lehrbuch Entwicklungspsychologie. Bern/Göttingen: Huber, S. 319–377

Brodin, Marianne / Hylander, Ingrid (2002): Wie Kinder kommunizieren. Daniel Sterns Entwicklungspsychologie in Krippe und Kindergarten. Weinheim/Basel: Beltz

Büttner, Christian (1998): Von Regeln und Ordnungen und den Mädchen und Jungen, die sie einhalten sollen. In: Theorie und Praxis der Sozialpädagogik (TPS), Heft 4/98, Seite 20–24

Büttner, Christian / Nagel, Gudrun (2001): 2. Zwischenbericht zur Fortbildungsstudie „Haus Europa – Gleichstellung von Jungen und Mädchen" der Hessischen Stiftung für Friedens- und Konfliktforschung, Frankfurt

Burchat-Harms, Roswitha (2001): Konfliktmanagement. Wie Kindergärten TOP werden. Neuwied/Berlin: Luchterhand

Dittrich, Giesela / Dörfler, Mechthild / Schneider, Kornelia (1996): Konflikt, Aggression, Gewalt in der Welt von Kindern unter dem Blick der Wissenschaft: ein Literaturbericht (Hrsg.: Deutsches Jugend-institut DJI). München: DJI

Dittrich, Giesela / Dörfler, Mechthild / Schneider, Kornelia (1997): Konflikte unter Kindern. Erzieherinnen berichten aus ihrem Alltag. München: Deutsches Jugendinstitut (DJI)

Dittrich, Giesela / Dörfler, Mechthild / Schneider, Kornelia (2001): Wenn Kinder in Konflikt geraten. Eine Beobachtungsstudie in Kindertagesstätten. Neuwied: Luchterhand

Dörfler, Mechthild / Dittrich, Gisela / Schneider, Kornelia (2002): Konflikte unter Kindern – ein Kinderspiel für Erwachsene? Praxismaterialien für Erzieherinnen. (Informationsbausteine, Beobachtungshilfen und Video-Arbeitsfilme) Weinheim/Basel: Beltz

Dörfler, Mechthild / Leu, Hans Rudolf (1998): Beziehung ist keine Ware einer Anbieterin. In: Welt des Kindes, Heft 4/98, S. 20–24

Erdt, Dulce (1999): Konfliktverhalten von Kindern im Vorschulalter. Unveröff. Dipl. Arbeit an der FU Berlin

Faller, Kurt (1998): Mediation in der pädagogischen Arbeit. Mühlheim an der Ruhr: Verlag an der Ruhr

Faller, Kurt / Faller, Sabine (2002): Kinder können Konflikte klären. Mediation und soziale Frühförderung im Kindergarten – ein Trainingshandbuch. Münster: Ökotopia

Fisher, Roger / Ury, Wilhelm /Patton, Bruce M. (2000): Das Harvard-Konzept. Frankfurt/M.: Campus

Gerspach, Manfred (2003): „Was mach ich bloß mit diesem Kind?" – Verhaltensstörungen als Selbstmitteilung verstehen lernen. In: TPS 7/03, S. 8–12

Hännikäinen, Maritta / de Jong, Marjanna / Rubinstein Reich, Lena (1997): „Our heads are the same size!" A study of quality of the child's life in Nordic day care centres. Malmö: Department of Educational and Psychological Research

Hartkemeyer, Martina / Hartkemeyer, Johannes F. / Dhority, Lynn (1999): Miteinander Denken. Das Geheimnis des Dialogs. Stuttgart: Klett-Cotta

Henneberg, Rosy (2001): „Ich kann mich überall konzentrieren, wenn ich will." Gedanken zum Stuhlkreis und anderen Treffen. In: TPS 5/01, S. 30–34

Honneth, Axel (1992): Kampf um Anerkennung. Zur moralischen Grammatik sozialer Konflikte. Frankfurt/M.: Suhrkamp

Kazemi-Veisari, Erika (1999): Die Grundhaltung ist entscheidend. Differenzierte Beobachtung von Kindern. In: Kindergarten heute 7/99, S. 6–13

Kazemi-Veisari, Erika (2003): Hinsehen allein genügt nicht! Was man über Beobachtung und Wahrnehmung wissen muss. In: Kindergarten heute 2/03, S. 6–14

Klein, Lothar / Vogt, Herbert (2000): Erzieherinnen im Dialog mit Kindern. Wie Partizipation im Kindergarten aussehen kann. In: Christian Büttner u. a. (Hrsg.): Lernprogramm Demokratie. Möglichkeiten und Grenzen politischer Erziehung von Kindern und Jugendlichen. Weinheim/München: Juventa

Klein Lothar (2002): Freinet-Pädagogik im Kindergarten. Freiburg: Herder

Klein, Lothar / Roser, Christa (2003): Warum es sinnvoll ist, in der Kuschelecke keinen Knaller zu zünden. Vom Sinn kindlichen Handelns und wie man lernen kann, ihn wahrzunehmen. In: TPS 6/03, S. 28–30

Krappmann, Lothar (2002): Kompetenzförderung im Kindesalter. In: Aus Politik und Zeitgeschichte, B 9/02, S. 14–19

Leu, Hans Rudolf (1997): Anerkennungsmuster als „soziales Kapital" von Familien. In: Diskurs, Heft 1/97, S. 32–39

Mechsner, Franz (2003): Wissen ist ein Kinderspiel. In: Geo, Heft 3/03, S. 45–50

Mähler, Bettina (2003): Triple P und die Positive Erziehung. Ein Programm für hilflose Eltern? In: TPS 3/03, S. 24–28

Mussen, Paul H. / Conger John J. / Kagan, Jerome / Huston Aletha C. (1996): Lehrbuch der Kinderpsychologie. Stuttgart: Klett-Cotta

Piontek, Rosemarie (2003): Der gestörte Friede im Beziehungssystem. In: TPS 7/03, S. 17–22

Pohlmann, Friedrich (2000): Die soziale Geburt des Menschen. Einführung in die Anthropologie und Sozialpsychologie der frühen Kindheit. Weinheim/Basel: Beltz

Reggio Children (Hrsg.) (1997): Zärtlichkeit. Eine Geschichte von Laura und Daniele. Neuwied/Berlin: Luchterhand

Singer, Wolf (2003): Was kann ein Mensch wann lernen? In: Wassilios E. Fthenakis (Hrsg.) (2002): Elementarpädagogik nach PISA. Freiburg: Herder, S. 67–75

Schmidt-Denter, Ulrich (1977): Analyse des Konfliktverhaltens von Kindern aus unterschiedlichen vorschulischen Erziehungseinrichtungen. Düsseldorf: Univ. Diss.

Schwarz, Gerhard (1997): Konfliktmanagement. Sechs Grundmodelle der Konfliktlösung. Wiesbaden: Gabler

Smith, Peter K. / Connoly, Kevin J. (1980): The ecology of preschool behaviour. Cambridge: Cambridge University Press

Sommerfeld, Verena (1999): Trotz, Wut, Aggressionen. Wenn Eltern nicht mehr weiterwissen. Reinbek bei Hamburg: Rowohlt

Sommerfeld, Verena / Huber, Barbara / Nicolai, Heidi (1999): Toben, Raufen, Kräfte messen. Ideen, Konzepte und viele Spiele zum Umgang mit Aggressionen. Münster: Ökotopia

Spangler, Gottfried (Hrsg.) (1999): Die Bindungstheorie: Grundlagen, Forschung und Anwendung. Stuttgart (3., durchges. Aufl.): Klett-Cotta

Wieland, Axel (1993): Menschenbild und Methodenkonzept der Handlungsforschung im Zusammenhang mit „offener" Kindergartenarbeit. In: Gerhard Regel / Axel Wieland (Hrsg.): Offener Kindergarten konkret. Veränderte Pädagogik in Kindergarten und Hort. Hamburg: E.B.-Verlag Rissen, S. 12–49

Wolter, Gunda (1997): Alles hängt mit allem zusammen. Systemisches Denken in der Kindertagesstätte. In: TPS-Extra Nr. 22/97, S. 11–16

Literatur zum Weiterlesen

Weitere Projekte zum Thema

van Dieken, Christel / Rohrmann, Tim (2002): Abschlußbericht des Aktionsforschungsprojekts „Konfliktverhalten von Mädchen und Jungen in Kindertageseinrichtungen" (Hort) des Senats für Gleichstellung der Stadt Hamburg, Hamburg

Sturzbecher, Dieter / Großmann, Heidrun (Hrsg.) (2001): Besserwisser, Faxenmacher, Meckertanten. Wie Kinder ihre Eltern und Erzieherinnen erleben. Neuwied/Berlin: Luchterhand (Schwerpunkt: Partizipation von Kindern)

Viernickel, Susanne (2000): Spiel, Streit, Gemeinsamkeit. Einblicke in die soziale Kinderwelt der unter Zweijährigen (Erziehungswissenschaften Band 11). Landau: Verlag Empirische Pädagogik

Völkel, Petra (2000): „Das ist aber ungerecht!" Wie Kinder Moral sozial konstruieren. In: klein & groß 7/00, S. 19–22

Konfliktbearbeitungsmodelle

Gordon, Thomas (1989): Familienkonferenz. Die Lösung von Konflikten zwischen Eltern und Kindern. München: Heyne

Prang, Charlotte (2001): Mediation im Kindergartenalltag. Eine neue Methode der konstruktiven Konfliktlösung. In: Kindergarten heute 4/01, S. 18–25

Vogt, Herbert (2000): „Starke Kinder schlagen nicht" – Das Motto eines Mediationsprojekts im Hort. In: TPS, Heft 6/00, S. 27–30

Ziesche, Ulrike (2001): Qualitätswerkstatt Kita. Konflikt in der Kindertagesstätte. Neuwied/Berlin: Luchterhand

Konflikt – Aggression – starke Gefühle

Beudels, Wolfgang / Anders, Wolfgang (2002): Wo rohe Kräfte walten. Handbuch zum Ringeln, Rangeln, Raufen in Pädagogik und Therapie. Dortmund: Verlag modernes Leben

Denk, Barbora (2001): Ärger, Streit und das große Jammern. Improvisierte Bewegungsspiele und Tanz. In: klein & groß 10/01, S. 24–32

Burchart-Harms, Roswitha (2000): Wenn nichts mehr geht. Über den Umgang mit Scheitern in Konfliktsituationen. In: TPS, Heft 6/00, S. 39–42

Lisner, Susanne (1996): Der wütende Willi. Gefühle erkunden und Aggressionen abbauen (Arbeitsmappe). Mülheim an der Ruhr: Verlag an der Ruhr

Obieglo, Marion in: Oliver Steinbach (1995): Die Wut im Bauch beim Namen nennen. Gewalt im Kindergarten. In: Zeitschrift Eltern 12/95, S. 157–160

Solter, Aletha J. (1998): Auch kleine Kinder haben großen Kummer. Über Tränen, Wut und andere starke Gefühle. München: Kösel

Sommerfeld, Verena (1996): Umgang mit Aggressionen. Ein Arbeitsbuch für Erzieherinnen, Lehrer und Eltern. Neuwied/Berlin: Luchterhand

Konfliktverhalten von Mädchen und Jungen

Dörfler, Mechthild / Rohrmann, Tim (2000): „Liebesblätter und Himmelstürme" – Das Konfliktverhalten von Jungen und Mädchen unter der Lupe. In: TPS Heft 6/00, S. 15–20

Nickel, Horst / Schmidt-Denter, Ulrich (1980): Sozialverhalten von Vorschulkindern. Konflikt, Kooperation und Spiel in institutionellen Gruppen. München: Reinhardt

Blank-Mathieu, Margarete (1997): Kleiner Unterschied – große Folgen? Zur geschlechtsbezogenen Sozialisation im Kindergarten. Freiburg: Herder

Habermann, Carsten / Kaufeld, Barbara (1996): Männer und Frauen – Jungen und Mädchen in der Kindertagesstätte (Beiträge zur frühkindlichen Erziehung 11), Frankfurt: Johann-Wolfgang-Goethe-Universität/Institut für Sozialpäd. und Erwachsenenbildung

Verlinden, Martin (1991): Mädchen und Jungen im Kindergarten. Köln: Sozialpädagogisches Institut (SPI)

Walter, Melitta / Schulreferat der Landeshauptstadt München (Hrsg.) (2000): Qualität für Kinder. Lebenswelt von Mädchen und Buben in Kindertagesstätten. Pädagogisches Rahmenkonzept der geschlechterdifferenzierenden Pädagogik.

Soziales Lernen

Baum, Heike (2002): Mit dem spiel ich nicht! Vom Umgang mit Ablehnung und Ausgrenzung. München: Kösel

Colberg-Schrader, Hedi / Krug, Marianne / Pelzer, Susanne (1991): Soziales Lernen im Kindergarten. Ein Praxisbuch des Deutschen Jugendinstituts. München: Kösel

Heller, Elke (1998): Gut, dass wir so verschieden sind. Zusammenleben in altersgemischten Gruppen (Praxisreihe Situationsansatz). Ravensburg: Ravensburger Buchverlag

Klein, Lothar (2001): „Der soll nicht bei uns mitspielen." In: TPS Heft 5/01, S. 8–13

Klein. Lothar (2000): Mit Kindern Regeln finden. Freiburg: Herder

Krappmann, Lothar (1991): Sozialisation in der Gruppe der Gleichaltrigen. In: Klaus Hurrelmann / Dieter Ulich (Hrsg.): Neues Handbuch der Sozialisationsforschung. Weinheim: Beltz, S. 355–377

Naumann, Sabine (1998): Hier spielt sich das Leben ab. Wie Kinder im Spiel die Welt begreifen (Praxisreihe Situationsansatz). Ravensburg: Ravensburger Buchverlag

Strätz, Rainer (1992): Die Kindergartengruppe. Soziales Verhalten drei- bis fünfjähriger Kinder. Berlin: Kohlhammer

Verlinden, Martin / Haucke, Karl (1990): Einander annehmen. Soziale Beziehungen im Kindergarten. Köln: Kohlhammer

Partizipation von Kindern

Bruner, Claudia / Winklhofer, Ursula / Zinser, Claudia (2001): Partizipation – ein Kinderspiel? Beteiligungsmodelle in Kindertagesstätten, Schulen, Kommunen und Verbänden. (Hrsg.: Bundesministerium für Familie, Senioren, Frauen und Jugend). München: DJI

Doyé, Götz / Lipp-Peetz, Christine (1998): Wer ist denn hier der Bestimmer? Das Demokratiebuch für die Kita (Praxisreihe Situationsansatz). Ravensburg: Ravensburger Buchverlag

Kazemi-Veisari, Erika (1998): Hier entscheiden Kinder mit. Konzeptbuch Kita. Freiburg: Herder

Bilderbücher zum Thema

Deutscher Verband Evangelischer Büchereien e.V. (DVEB) (2001): Rezensionszeitschrift der evangelischen Buchberater: Konflikte und Gewalt im Bilderbuch. Titelauswahl und Redaktion: Gabriele Kassenbrock. Göttingen, August 2001

Wenke, Gabriela (2000): Konfliktbewältigung durch Bücher? Bücher zum Thema Konflikte. In: TPS Heft 6/00, S. 53–56

Ratgeber (auch für Eltern)

Juul, Jesper (1999): Das kompetente Kind. Auf dem Weg zu einer neuen Wertgrundlage für die ganze Familie. Reinbek bei Hamburg: Rowohlt

Juul, Jesper (2000): Wie Eltern und Kinder sich finden: Grenzen, Nähe, Respekt. Reinbek bei Hamburg: Rowohlt